ESSENTIAL guide

W0348828

Inghilterra

tutto il meglio

Legenda delle cartine estraibili

- ★ Che cosa vedere 34-55
- ■ Luoghi descritti nella guida
- Londra 77-96
- Inghilterra del nord 97-116
- Inghilterra centrale 117-140
- Inghilterra del sud-est 141-164
- Inghilterra del sud-ovest 165-187

Boroli Editore, Milano © 2009

Direzione editoriale Laura Baratto Boroli
Responsabile Area Lingue Marie-Jeanne Schütz
Coordinamento redazionale Enrico Ernst

Realizzazione editoriale Edimedia, via Orcagna 66, Firenze
Traduzione Angela Tozzi e Maria-Hélène Dion dall'originale inglese *ESSENTIAL Spiral England*
Automobile Association Developments Limited © 2009

Edizione inglese
Testi Terry Marsh con Robin Barton
Prima edizione 2001

Fotolito MRM Graphics Ltd
Stampa Printer Trento S.r.l., Italia

Published by AA Publishing, a trading name of Automobile Association Developments Limited, whose registered office is Fanum House, Basing View, Basingstoke, Hampshire RG21 4EA. Registered number 1878835.

ISBN 978-88-7493-220-7

Tutti i diritti sono riservati. Nessuna parte di questo volume può essere riprodotta, memorizzata o trasmessa in alcuna forma e con alcun mezzo, elettronico, meccanico, in fotocopia, in disco o in altro modo senza autorizzazione scritta dell'editore.
Le informazioni contenute in questa guida sono soggette a variazioni.
Nessuna indicazione ha quindi valore assoluto: non è possibile evitare del tutto inesattezze in considerazione della rapidità dei cambiamenti che possono verificarsi.

L'editore sarà riconoscente a quanti vorranno inviare consigli o aggiornamenti scrivendo a:
Boroli Editore, via G.B. Grassi 15, 20157 Milano
e-mail: info@borolieditore.it

A03766

Enabled by Ordnance Survey This product includes mapping data licensed from Ordnance Survey® with the permission of the Controller of Her Majesty's Stationery Office. © Crown copyright 2007. All rights reserved. Licence number 100021153

Come usare questo libro

Legenda:

- Rimando alle cartine in copertina
- Luogo o indirizzo
- Numero di telefono
- Orari di apertura
- Biglietto d'ingresso
- Ristorante o caffè nell'edificio o nelle vicinanze
- Stazione della metropolitana più vicina
- Fermata del bus o tram più vicina
- Stazione più vicina
- Fermata del traghetto più vicina
- Altre informazioni utili
- Ufficio di informazioni turistiche
- ➤ Rimando alla pagina con ulteriori indicazioni

Questo volume è diviso in cinque sezioni.

Cartine

I riferimenti sono alle cartine nei risvolti delle copertine. Per esempio, Oxford ha il riferimento 14R, che indica il punto della griglia nel quale si trova

Costo degli hotel

Per camera a notte:
£ economico (sotto le £70);
££ medio (£70-£150);
£££ elevato (oltre le £150)

Prezzi dei ristoranti

Prezzi indicativi per persona riferiti a un pasto di tre portate:
£ economico (sotto le £20);
££ medio (£20-£30);
£££ elevato (oltre £30)

Prezzi dei caffè

£ indica prezzi più bassi;
££ indica prezzi medi;
£££ indica prezzi più elevati

Sommario

L'Inghilterra in breve

L'Inghilterra è una terra verdeggiante e piacevole, un luogo in cui le campagne ondulate e la varietà del territorio colpiscono al cuore. Ma è anche un Paese vario e cosmopolita, e offre così tanto che è quasi una follia sperare di concentrare tutto in un solo viaggio. Il segreto è nel non essere troppo frettolosi. Indugiate, anche più di quanto programmato, ogni volta che un certo luogo cattura la vostra immaginazione. Siate flessibili, cambiate i vostri programmi durante il viaggio, e preparatevi a passare del tempo esplorando mercatini, facendo una passeggiata in un parco cittadino, oppure godendovi una birra in un pub.

notizie

Per molti turisti è difficile afferrare a pieno la varietà che l'Inghilterra ha da offrire, dagli affascinanti paesi di campagna agli imponenti monumenti delle grandi città. Si tratta certo di un luogo di forti contrasti, anche se permane una coerenza di fondo. Oggi l'Inghilterra occupa un ruolo di grande rilievo nell'arte, nella musica e nella moda. A livello politico ed economico ha ancora un ruolo di primissimo piano, come parte del Regno Unito (UK). Nel Paese è diffuso un atteggiamento di apertura verso le altre culture, e una voglia di condividere il grande patrimonio inglese. Nonostante i frequenti 'battibecchi politici', l'Inghilterra è ancora molto legata all'Europa. Abbandonata l'arroganza imperialistica di un tempo, gli inglesi si considerano come uno degli attori del panorama internazionale. È un popolo con uno spirito pratico, intraprendente e soprattuto con un crescente orgoglio per la propria storia e il proprio ruolo nel mondo.

IL PAESE

- L'Inghilterra è la regione politica di gran lunga più grande del Regno Unito (composto a sua volta da Gran Bretagna e Irlanda del Nord).
- È un Paese altamente industrializzato e dall'agricoltura molto sviluppata, densamente popolato e ricco di storia.
- Londra, la capitale, è la città in assoluto più grande d'Inghilterra, con più di 7 milioni di abitanti.
- Birmingham nell'Inghilterra centrale, seconda per popolazione, ha circa un milione di abitanti.

- L'Inghilterra del nord vanta alcune città con circa 500.000 abitanti, come Leeds, Manchester, Liverpool, Bradford, Sheffield e Newcastle. Nel sud-ovest, Bristol e Plymouth sono le città più popolate.

L'ECONOMIA

- Oggi i prodotti di esportazione più importanti sono il petrolio, il gas naturale, la tecnologia e i servizi finanziari.
- 50 anni fa i più importanti erano carbone, ferro, acciaio, costruzioni navali, tessuti e ceramica.

INFORMAZIONI E DATI

Area: 130.357 km^2
Valuta: pound (£) sterlina
Popolazione: circa 50 milioni nel 2004
Lingua: inglese, con molte varietà dialettali. Si parlano anche alcune centinaia di lingue di minoranze

SPAZI APERTI

- In Inghilterra nove parchi nazionali (fra i quali il più recente nel New Forest) offrono quasi 13.000 km^2 di campagna, severamente protetta per il suo valore paesaggistico e ricreativo.
- Ci sono anche più di 40 zone riservate, chiamate *Areas of Outstanding Natural Beauty* (AONB), che sono similmente protette.
- Estesa per tutta la campagna inglese si trova una enorme rete di migliaia di chilometri di sentieri, piste per cavalli (aperte a cavalli e ciclisti) e strade secondarie.
- La maggior parte dei paesi e delle città hanno giardini in centro, mentre nelle zone circostanti è possibile trovare parchi di campagna dove l'ambiente è più rustico, e le occasioni per avvistare la fauna selvatica sono più numerose.

cibi e bevande

È virtualmente impossibile identificare una 'cucina inglese' come si fa con quella francese o quella italiana. L'elemento caratterizzante è comunque la semplicità e genuinità degli ingredienti freschi. Verso la metà del XX secolo iniziò anche a essere chiamata 'cucina scolastica', con un paragone, per lo più affettuoso, al cibo servito nelle mense delle scuole.

Per molti, la 'cucina inglese' si identifica con sostanziosi pasticci di carne, verdure molli e dessert pesanti (come il pudding di pane e burro servito con crema). In anni più recenti le abitudini alimentari sono cambiate e le ricette rivisitate in base a criteri dietetici più moderni: così oggi è possibile trovare nuovi piatti nei menu tradizionali dei pub e dei ristoranti di tutto il Paese. E non dimentichiamo mai che il sandwich è un'invenzione inglese!

FORMAGGIO

I formaggi sono forse la specialità più facile da identificare sul territorio. Il *Cheddar* (originario del Somerset) è fra i più famosi, ma evitate le confezioni del supermercato e cercate quello prodotto artigianalmente. Il *Cheshire*, il *Lancashire* e il *Wensleydale* sono formaggi bianchi morbidi (l'aggettivo *tasty*

serve a identificare le varietà più saporite e stagionate). Si abbinano bene alle torte di frutta. L'Inghilterra centrale produce invece il *Red Leicester* (dal colore arancione), il delicato e aromatico *Sage Derby* e, più famoso, lo stagionato *Stilton* venato di blu (ottimo con le mele). Troverete le migliori qualità di formaggio nei negozi di gastronomia specializzati e sulle bancarelle dei contadini nei mercati rionali.

CARNE E PESCE

Quando si tratta di carne, viene naturale in genere l'associazione al manzo, sia grigliato (la classica bistecca), sia arrosto e servito con il *pudding Yorkshire* (pastella salata), o cotto con verdure, tipo stufato. Cercate le salsicce, vere specialità: le *Cumberland* sono lunghe e speziate, le *Lincolnshire*, leggere e aromatiche. Il *black pudding*, fatto con le frattaglie, è diffuso nel nord. L'agnello è una carne molto amata, anche se si stanno sempre più diffondendo abitudini e menu vegetariani. Come è facile immaginare, il pesce è un alimento importante. Nella costa orientale, Craster è famosa per le aringhe affumicate, e Whitby per il

THE BODY SHOP

granchio. Nel sud-est sono particolarmente diffuse le anguille, le vongole e le cozze. Ovunque vi troviate in Inghilterra non potranno mai mancare i classici *fish and chips*, merluzzo o *haddock* fritto nella pastella accompagnato da patatine fritte. Mangiatelo nell'incarto, condito con sale e aceto.

TORTE E BIRRA

L'ora del tè non è più l'evento pomeridiano per eccellenza, ma gli inglesi conservano l'amore per le torte. La *Eccles cake* del Lancashire è fatta di frutta secca tritata e pasta frolla; a Grasmere c'è il pane allo zenzero; la *Cumbria* è una deliziosa e sottile pastella, simile a un biscotto; e il *bakewell pudding* del Derbyshire è una crostata di marmellata ricoperta di pan di spagna. Anche se esistono vini prodotti in Inghilterra, solo i bianchi sono apprezzabili. Riguardo alla birra, servita in boccali da una pinta, si trovano tutte le marche del mondo accanto alle tipiche birre inglesi: le migliori sono le *real ale*, che continuano a maturare nei barili anche dopo essere uscite dalla fabbrica. Le varietà più diffuse sono le birre amare (come la Tetleys o la Courage Best), le più scure e in generale meno forti *mild* (la Banks's è molto diffusa nell'Inghilterra centrale) e le birre chiare, in gran parte di produzione locale. Nell'Inghilterra occidentale il tradizionale sidro è ancora in assoluto la bevanda preferita.

in pochi giorni

Se avete poco tempo a disposizione per visitare l'Inghilterra (e volete portare a casa qualche ricordo indimenticabile) potete concentrarvi su qualcosa di tipico per catturare il vero spirito del Paese. I suggerimenti che seguono rappresentano un'ampia lista di luoghi e di esperienze non eccessivamente costose che renderanno il vostro soggiorno veramente speciale.

- **Fate un giro in un taxi inglese**: chiedete al tassista di mostrarvi tutto quello che è possible vedere a Londra in un'ora. Evitate le ore di punta e cercate di fissare un prezzo in anticipo.

- **Provate la *real ale* o il sidro**, soprattutto in un tradizionale pub inglese. Le birrerie spesso servono ottime birre di piccole fabbriche locali.

- **Visitate una cattedrale**: ciascuna rappresenta una meraviglia architettonica, e un luogo tranquillo dove poter rallentare il ritmo per un po'.

- **Assistete a una cerimonia tradizionale**. Il Cambio della guardia è l'evento più famoso a Londra.

- **Esplorate il Lake District**: in Inghilterra la campagna è bellissima, ma il Lake District riassume in un piccolo spazio tanti scenari diversi (➤ 44-45).

- **Provate i *fish and chips***: uno fra i piatti più diffusi in tutto il Paese, e anche molto sostanzioso.

- **Visitate un palazzo storico**: si trovano in tutto il Paese, ma concedetevi il tempo per visitarli.

- **Fate shopping in un mercato all'aperto**: i mercati sono un tratto caratteristico di molte città inglesi. Sempre più diffusi sono i mercati dei contadini che vendono cibi organici e prodotti locali. Controllate sulla stampa locale per i dettagli. Che compriate qualcosa o no, vi divertirete comunque ad assistere allo scambio di battute fra i commercianti.

- **Andate a vedere uno spettacolo a Londra**. Provate ai box office dei teatri o rivolgetevi ad agenzie come Ticketmaster (www.ticketmaster.co.uk). Si possono comprare biglietti ridotti per gli spettacoli del giorno al botteghino ufficiale a Leicester Square e Canary Wharf.

- **Visitate città** come Bath, Oxford, Cambridge e York dall'alto degli autobus a due piani.

- **Partecipate a una festa paesana o a una fiera agricola**: una bella giornata all'aperto, con mostre di bestiame, concorsi di cani, balli folk, gare di cucina, esposizioni di prodotti artigianali e attività per tutti.

- **Visitate un museo industriale**: ce ne sono molti sparsi per le campagne, ma l'Ironbridge Gorge (► 124-125) nello Shropshire è ritenuto la culla della rivoluzione industriale.

Informazioni pratiche

Prima di partire

QUANDO ANDARE

GEN	FEB	MAR	APR	MAG	GIU	LUG	AGO	SET	OTT	NOV	DIC
6 °C	7 °C	10 °C	13 °C	17 °C	20 °C	22 °C	22 °C	19 °C	14 °C	10 °C	7 °C

Alta stagione Bassa stagione

L'Inghilterra è un luogo affascinante tutto l'anno, ma per trovare il miglior clima visitatela durante i mesi estivi (da maggio a settembre). Le giornate sono più lunghe a maggio e giugno (si possono arrivare ad avere ben 17 ore di luce al giorno). In inverno invece fa buio verso le 16. Grazie alla vicinanza con l'oceano il tempo è spesso variabile, ma la corrente del Golfo assicura alla Gran Bretagna un clima più caldo se paragonato agli altri Paesi della stessa latitudine, con temperature che in inverno raramente scendono sotto lo zero. Anche se certi luoghi di interesse potrebbero essere chiusi in inverno (generalmente da novembre a Pasqua), una visita in bassa stagione può significare un pernottamento a prezzi più contenuti (fuori città) e monumenti meno affollati.

CHE COSA SERVE

- ● Obbligatorio
- ○ Consigliato
- ▲ Opzionale

I cittadini italiani non hanno bisogno di visto, ma questo può essere necessario per cittadini non Ue, anche se regolarmente residenti in Italia, dato che il Regno Unito non aderisce al trattato di Schengen.

	Obbligatorio	Consigliato	Opzionale
Carta d'identità valida per l'espatrio (o passaporto valido)	●		
Biglietto di andata e ritorno			▲
Documenti sanitari (➤ 23, Assistenza medica)	●		
Assicurazione di viaggio			▲
Patente di guida (nazionale)	●		
Polizza di assicurazione automobilistica	●		
Documenti automobilistici	●		

SITI PER CHI VIAGGIA

www.inghilterra.com
www.travelbritain.org
www.visitbritain.com
www.english-heritage.org.uk
www.regnounito.net
www.justuk.org
www.thetrainline.com
www.theaa.com
www.pti.org.uk
www.nationalparks.gov.uk
www.fco.gov.uk

UFFICI TURISTICI

Ente nazionale per il turismo britannico
Corso Magenta, 32
20123 Milano
☎ 02 8808151; fax 02 72010086;
www.visitbritain.it

ASSISTENZA MEDICA

Assicurazione medica I cittadini dell'Ue hanno diritto ad assistenza medica gratuita se in possesso della Tessera europea di assicurazione malattia (Team), distribuita dal Ministero dell'economia e finanze. L'assicurazione medica privata è comunque consigliata.

Assistenza dentistica Le cure per emergenza dentistica possono essere gratuite se vi rivolgete a un dentista della National Health. Potete trovare una lista nelle Yellow Pages (Pagine Gialle). Altrimenti le cure dentistiche devono essere coperte da assicurazione medica privata.

FUSO ORARIO

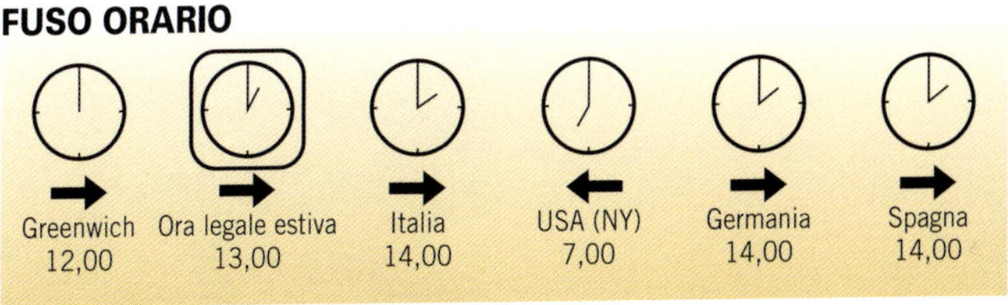

L'Inghilterra segue il Greenwich Mean Time (GMT) in inverno, ma da fine marzo a fine ottobre entra in vigore il British Summer Time (BST, cioè GMT+1).

CALENDARIO DEGLI EVENTI

Gennaio *Lord Mayor's Parade*, Londra.

Febbraio *Capodanno cinese*, Liverpool, Manchester e Londra.

Marzo *Irish Festival*, Manchester.
Crufts Dog Show (esposizione canina), Birmingham.

Aprile *Oxford and Cambridge Boat Race* (corse di canottaggio), Tamigi, Londra. (Qualche volta si svolge a marzo).

Padstow Fish and Ships Festival
Bottle Kicking and Hare Pie, Padstow.
Scrambling, Hallaton, presso Medbourne, Leicestershire.
London Marathon, Londra.
Shakespeare's birthday, Stratford-upon-Avon, Warwickshire.

Maggio *Furry Dance*, Helston, Cornwall.
Lancashire Clog Dancing Festival, Accrington, Lancashire.
Royal Windsor Horse Show, parco del castello di Windsor.
Mostra dei fiori di Chelsea, Londra.

Giugno *Trooping the Colour*, Horse Guards Parade, Londra.
East of England Show, Peterborough, Cambridgeshire.
Campionati di tennis di Wimbledon.
Glastonbury Festival, Glastonbury Somerset.

Luglio *Farnborough International Airshow*, Hampshire.
The Great Yorkshire Show, Harrogate, Yorkshire.

FESTE NAZIONALI

GEN	FEB	MAR	APR	MAG	GIU	LUG	AGO	SET	OTT	NOV	DIC
1		(2)	(2)	2			1				2

1 gennaio	Capodanno
marzo/aprile	Venerdì Santo e Lunedì di Pasqua
primo lunedì di maggio	Festa nazionale del May Day
ultimo lunedì di maggio	Festa nazionale di fine maggio
ultimo lunedì di agosto	Festa nazionale August Monday
25 dicembre	Natale
26 dicembre	Boxing Day (Santo Stefano)

Quasi tutti i musei sono chiusi il giorno di Natale. Per le altre feste alcuni sono aperti, ma spesso con orario ridotto. Non ci sono regole generali sull'orario di apertura di ristoranti e negozi, quindi informatevi prima di uscire.

Henley Royal Regatta, Henley-on-Thames, Oxfordshire.
Royal International Air Tattoo, Fairford, Gloucestershire.

Agosto *International Beatles Week*, Liverpool.
Southport Flower Show (esposizione floreale), Southport, Lancashire.
Festival internazionale del folklore di Billingham, Cleveland.
Carnevale di Notting Hill, Londra.
Cowes Regatta, Isola di Wight.

Settembre *Artsfest*, Birmingham.
Blackpool Illuminations, Blackpool.
Great North Run, Gateshead.
Southampton International Boat Show, Southampton, Hampshire.

Ottobre *Fiera dell'oca*, Nottingham.
World Conker Championships, Ashton, Northamptonshire.

Novembre *Notte di Guy Fawkes* (falò e fuochi d'artificio per tutto il Paese).
Veteran Car Run da Londra a Brighton.

Dicembre *Mummers Play e danze Morris*, Northamptonshire.

Come arrivare

IN AEREO

Il modo più semplice per arrivare in Inghilterra dall'Italia è in aereo. Ci sono voli diretti per l'Inghilterra da tutti gli aeroporti più importanti effettuati dalle maggiori compagnie aeree. Il tempo di percorrenza è di circa 2 ore dal centro-nord e 3 ore dal centro-sud: tenete però conto della differenza di fuso orario che 'accorcia' l'andata e 'allunga' il ritorno. A Londra gli aeroporti sono 5, e sono tutti ben collegati con la città. La maggior parte dei voli di linea arriva all'aeroporto di Heathrow o a quello di Gatwick a Londra, mentre gli altri tre aeroporti di Londra (Stansted, Luton e London City) vengono usati soprattutto per voli a breve percorrenza. Altri voli internazionali arrivano a Birmingham International, Manchester, Southampton, Leeds e Bradford. I voli *low-cost* utilizzano aeroporti minori.

IN NAVE

Esistono numerosi traghetti che collegano l'Inghilterra all'Irlanda e con molti porti dell'Europa continentale. L'attraversamento del canale della Manica viene effettuato dalla compagnia SeaFrance, che permette di raggiungere Dover da Calais in 35 minuti.

IN TRENO

I treni Eurostar collegano Londra con Parigi e Lille in Francia, e a Bruxelles in Belgio. Il collegamento tra Parigi e Londra si effettua in poco più di

due ore. Il tunnel della Manica, lungo 38 km, offre un rapido collegamento ferroviario con la Francia tramite l'Eurostar (vedi sotto). Il servizio ferroviario per attraversare il tunnel con auto, roulotte e moto è gestito da Eurotunnel.

IN AUTO

Attraversando la Francia potete arrivare in Inghilterra anche in auto. L'attraversamento del canale della Manica viene effettuato da navette ferroviarie e dura circa 35 minuti. Le strade inglesi sono ottime, il fondo è ben curato e le autostrade sono gratuite.
Se vi trovate in panne con la vostra vettura, e siete soci di un club automobilistico affiliato alla Automobile Association (AA), potete chiamarla al numero verde (☎ 0800 887 766). Se la vettura è a noleggio, seguite le istruzioni allegate nella documentazione; la maggior parte degli autonoleggi fornisce un servizio di soccorso stradale.

Come muoversi

TRASPORTI PUBBLICI

Voli interni I voli interni sono piuttosto costosi, ma le principali città britanniche – Edinburgo, Glasgow, Cardiff, Belfast – sono servite bene.

Treni Tutti i paesi e città principali sono collegati da treni veloci e frequenti. La complessa privatizzazione delle ferrovie degli anni '90 fa sì che diversi operatori possano far transitare i loro treni sugli stessi percorsi (per informazioni ☎ 0845 748 4950; www.nationalrail.co.uk)). I biglietti possono essere acquistati in anticipo (anche per telefono) con sconti. Le ore di punta sono molto più costose.

Autobus Offrono trasporti locali economici ed efficienti, sia in aree urbane che fra cittadine e paesi nelle zone rurali. Alcune città, tra cui Manchester,

Sheffield e Wolverhampton, offrono un servizio efficiente di tram in alternativa agli autobus locali.

Pullman Viaggiare in pullman è più lento rispetto al viaggiare in treno, ma è senz'altro più economico. La compagnia più importante è la National Express (www.nationalexpress.com).

MUOVERSI IN AUTO

- La guida è a sinistra.
- Limite di velocità in autostrada e su strade a due corsie: 112km/h, sulle strade principali: 80-100km/h, sulle strade secondarie: 50-65km/h.
- Le cinture di sicurezza devono sempre essere allacciate sui sedili anteriori e, quando presenti, sui sedili posteriori.
- Test per la verifica del tasso alcolico vengono eseguiti spesso, soprattutto la notte. Il limite è 35 microgrammi di alcol in 100 ml.
- Il carburante è venduto a litri. I distributori sono generalmente aperti dalle 6 alle 22 (e 24 ore nelle strade principali).

TAXI

Ovunque in Inghilterra potete telefonare a una compagnia privata di taxi per farvi portare ovunque vogliate. I famosi *black cabs* di Londra si trovano sempre più frequentemente anche in altre città.

RIDUZIONI

Studenti e anziani Gli anziani e i possessori di una Carta di identità internazionale per studenti hanno diritto a qualche sconto. Gli ostelli della gioventù si trovano a Londra e nelle zone rurali.
Bambini In genere ci sono riduzioni per i bambini per gli alloggi, i viaggi o gli ingressi a manifestazioni e musei. Tuttavia i limiti d'età variano molto.

AUTO A NOLEGGIO

Le aziende internazionali di autonoleggio hanno uffici in tutti gli aeroporti ed è possibile prenotare un'auto in anticipo. Le compagnie locali offrono tariffe competitive e vi fanno trovare l'auto all'aeroporto.

Da sapere

UFFICI TURISTICI

Ogni città in Inghilterra ha un centro di informazioni turistiche locale.

- Cumbria Tourist Board, Ashleigh, Holly Road, Windermere, Cumbria ☎ 01539 444444
- East of England Tourist Board, Toppesfield Hall, Hadleigh, Suffolk ☎ 01473 822922
- Heart of England Tourist Board, Woodside, Larkhill Road, Worcester ☎ 01905 763436
- London Tourist Board, 26 Grosvenor Gardens, London
- North West Tourist Board, Swan House, Swan Meadow Road, Wigan
- Northumbria Tourist Board, Aykley Heads, Durham ☎ 01271 336182
- South East England Tourist Board, The Old Brew House, Warwick Park, Tunbridge Wells, Kent ☎ 01892 540766
- Tourism South East, 40 Chamberlayne Road, Eastleigh, Hampshire ☎ 023 8062 5400
- Southwest Tourism, Woodwater Park, Exeter, Devon ☎ 01392 360050
- Yorkshire Tourist Board, 312 Tadcaster Road, York YO2 2HF ☎ 01904 707961

AMBASCIATA D'ITALIA A LONDRA

14, Three Kings Yard
London W1K 4EH
☎ 20 73122200

TELEFONI

Oggi le tradizionali cabine telefoniche rosse sono rare; invece, si trova una gran varietà di chioschi, ciascuno dall'aspetto peculiare, a seconda della compagnia telefonica. I telefoni pubblici funzionano sia con le monete da 10p, 20p, 50p e £1, sia con la carta di credito. Altre cabine telefoniche accettano carte prepagate che si possono acquistare nei negozi. Per parlare con un operatore digitate il numero 100.

Numeri telefonici di emergenza

Polizia: 999
Vigili del fuoco: 999
Ambulanza: 999

ORARI DI APERTURA

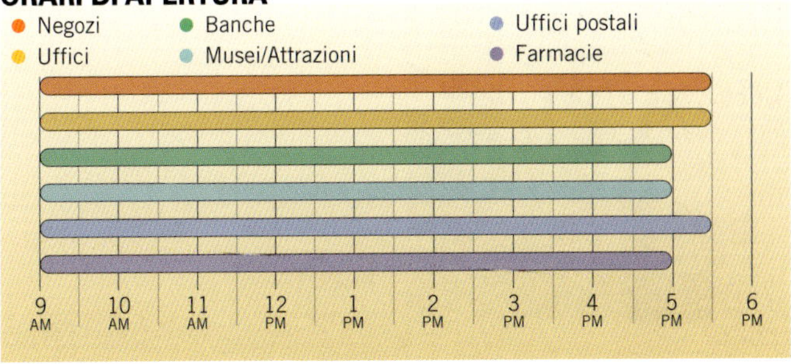

Gli orari sopra riportati sono quelli tradizionali. Molti negozi in Inghilterra, specialmente quelli nelle città e nei paesi più grandi (ma sempre di più anche in altri posti), hanno un orario di apertura più lungo e molti aprono anche la domenica. Le banche sulle vie principali sono generalmente aperte il sabato mattina e gli uffici di cambio sono aperti tutti i giorni. Musei e luoghi di interesse turistico chiudono un giorno alla settimana e spesso in speciali occasioni. È sempre bene controllare gli orari telefonando prima. Quando una farmacia è chiusa potete trovare un avviso in vetrina che fornisce dettagli su quella più vicina aperta 24 ore.

Prefissi telefonici internazionali

Dall'Inghilterra verso l'Italia: 0039
Dall'Italia verso l'Inghilterra: 0044

SERVIZI POSTALI

Gli uffici postali di solito sono aperti dal lunedì al venerdì dalle 9 alle 17,30, il sabato sono aperti dalle 9 alle 13, anche se ci possono essere locali variazioni. Le cassette delle lettere, generalmente rosse, hanno diverse forme e grandezze, e sono affascinanti in sé: molte di esse risalgono addirittura al periodo vittoriano.

CORRENTE ELETTRICA

La corrente elettrica in Gran Bretagna è a 240 volts. Gran parte delle prese elettriche sono del tipo con spine quadrate a tre connettori, gli adattatori sono ampiamente disponibili (anche negli aeroporti).

VALUTA

Valuta La valuta in Gran Bretagna è la sterlina (pound £), disponibile in banconote da £5, £10, £20 e £50. Ci sono 100 penny o pence (p) in ogni sterlina e le monete sono in pezzi da 1p, 2p, 5p, 10p, 20p, 50p, £1 e £2. Alcuni hotel, negozi e ristoranti accettano i travellers' cheques. I travellers' cheques emessi in sterline sono i più comodi. Alcuni negozi accettano anche pagamenti in euro.

Cambio Ci sono uffici di cambio nella maggior parte delle strade principali di città e paesi, negli aeroporti, nelle stazioni del treno e della metropolitana al centro di Londra. I tassi variano, e possono essere più alti di quelli in banca. Le commissioni dovrebbero essere esposte chiaramente.

Carte di credito Sono accettate praticamente dappertutto. Possono essere usate anche per ritirare contanti dagli sportelli automatici (ATM), nei quali però si paga una commissione fissa sul ritiro.

MANCE

Sì ✓ No ✗

Ristoranti (se il servizio non è incluso)	✓	10-15%
Caffè/bar	✗	
Taxi	✓	10%
Portiere	✓	£1/valigia
Cameriera	✓	50p-£1al giorno
Guardarobiere	✓	spiccioli del resto
Parrucchiera	✓	10%
Toilette	✗	

SALUTE E SICUREZZA PERSONALE

Farmaci Tutti i tipi di farmaci si trovano nelle farmacie. I farmacisti possono consigliare medicine per disturbi comuni. Le farmacie seguono turni per assicurare almeno un esercizio aperto nelle 24 ore: nelle vetrine di ogni farmacia c'è un avviso con i dettagli.

Acqua potabile L'acqua del rubinetto è sicura. L'acqua minerale è molto diffusa, ma spesso costosa, soprattutto nei ristoranti.

Sicurezza personale Città, paesi e villaggi dell'Inghilterra sono tutti generalmente sicuri. La polizia è molto cortese, di grande aiuto e disponibile. Per minimizzare il rischio di reati alla propria persona:

- portate con voi solo i soldi che vi servono: usate la cassaforte dell'albergo per depositare i valori;
- attenti ai borseggiatori nei mercati e nei luoghi affollati;
- non camminate da soli in strade, vicoli o sottopassaggi bui.

TOILETTE

Tutte le città e quasi tutti i paesi hanno bagni pubblici (*lavatories*) gratuiti o economici. Grandi magazzini, supermercati e stazioni di servizio hanno bagni gratuiti, nei pub e ristoranti sono riservati ai clienti.

TAGLIE

Italia	GB	Resto dell'Europa	USA	
46	36	46	36	Abiti da uomo
48	38	48	38	
50	40	50	40	
52	42	52	42	
54	44	54	44	
56	46	56	46	
40	7	41	8	Scarpe
41	7.5	42	8.5	
42	8.5	43	9.5	
43	9.5	44	10.5	
44	10.5	45	11.5	
45	11	46	12	
37	14.5	37	14.5	Camicie
38	15	38	15	
39/40	15.5	39/40	15.5	
41	16	41	16	
42	16.5	42	16.5	
43	17	43	17	
38	8	34	6	Abiti da donna
40	10	36	8	
42	12	38	10	
44	14	40	12	
46	16	42	14	
48	18	44	16	
37	4.5	38	6	Scarpe
38	5	38	6.5	
39	5.5	39	7	
39	6	39	7.5	
41	6.5	40	8	
42	7	41	8.5	

Che cosa vedere

1 Bath

www.visitbath.co.uk

Bath è conosciuta soprattutto per le sue ampie strade fiancheggiate da villette georgiane, e per i resti delle terme romane, oggi restaurati, nel centro della città.

I Romani costruirono un tempio alla locale dea dell'acqua Sulis, e fondarono così le prime terme a Bath (Aqua Sulis). **I resti delle terme romane** sono tra i più importanti e più visitati d'Europa, e sono nel centro della città. Della città sassone, e di quella medioevale che seguì, rimane poco, anche se ebbero ovviamente la loro importanza. Qui nel 973 fu incoronato Edgar, il primo re di tutta l'Inghilterra. L'abbazia, completata nel 1499, è posta oltre una piazza racchiusa tra l'abbazia e le terme, e circondata da splendidi portici.

A parte la sezione fortemente restaurata delle antiche mura cittadine, il resto di Bath è caratterizzato dai grandi cambiamenti dovuti agli architetti della metà del XVIII secolo, quando la città fu reinventata come centro termale per i nuovi ricchi. Royal Crescent, Paragon, Circus e Lansdown Crescent erano magnifiche strade costruite per compiacere un pubblico elitario, che sceglieva Bath per le acque termali e per l'ambiente sociale. Il miglior modo per visitare la città è a piedi (dato che il sistema a senso unico del traffico può creare qualche problema), ma ci sono anche molti autobus turistici scoperti che permettono di raggiungere i luoghi meno

accessibili. Altri luoghi di interesse sono il **Museo del costume** (situato nelle Assembly Rooms, Cross Bath, Queen Square e Victoria Park) e l'**American Museum of Decorative Art** a Claverton Manor.

12Q Abbey Chambers 0906 711 2000

Museo delle terme romane

Pump Room, Abbey Church Yard 01225 477785 Mar-giu, set-ott tutti i giorni 9-17; lug-ago 9-21; il resto dell'anno 9,30-16,30 Costoso

Museo del costume

Bennett Street 01225 477789 Mar-nov tutti i giorni 11-17; nov-mar tutti i giorni 11-16 Medio

American Museum of Decorative Art

Claverton Manor 01225 460503; www.americanmuseum.org Mar-nov mart-dom 12-17; 25 nov-17 dic mart-dom 12-14,30. Chiuso metà dic-mar Medio

2 Cotswolds

L'atmosfera suggestiva dei paesini di pietra e le ricche colline verdeggianti fanno delle Cotswolds una delle zone più accattivanti d'Inghilterra.

Le Cotswolds, una catena di colline attraversate dal fiume Chum, sono la quintessenza del paesaggio inglese; verdi colline ondulate, campi coltivati di diversi colori, paesi e cittadine pittoreschi, formano una zona di straordinaria bellezza naturale che si estende per oltre 2000 km², e attraversa sei contee da Bath (nel sud) a Edge Hill (nel nord). Le numerose chiese parrocchiali e locande testimoniano la prosperità della zona, originatasi già nel tardo Medioevo. L'allevamento di pecore contribuì a determinare questa ricchezza, ed ebbe un enorme impatto

sul paesaggio, mentre le Cotswolds diventavano sempre più ricche per la produzione di lana e tessuti. Chipping Camden, Northleach e Cirencester conservano significativi esempi di *wool churches* (chiese costruite con i proventi della lana), in gran parte decorate con gargolle (doccioni con figure mostruose). Il villaggio di Broadway introduce alla regione, con numerosi negozi turistici e sale da tè. Bourton-on-the-Water, attraversata dal fiume Windrush, è un altro centro turistico di grande interesse. Upper e Lower Slaughter attraggono i turisti per il loro aspetto quasi fiabesco. Ma il vero fascino delle Cotswolds si può cogliere soprattutto nelle deliziose cittadine meno visitate, come Stanton, Snowshill o Bibury. Arlington Row, una splendida terrazza a Bibury ricca di cottage appartenuti in passato a ricchi tessitori, rappresenta meglio di tutti il carattere dei villaggi delle Cotswolds. La vicina **Arlington Mill** ospita un ricco e interessante **museo folkloristico**.

✚ 12R ℹ Per dettagli più specifici contattare l'ufficio informazioni turistiche locale. Cheltenham office: ☎ 01242 522878; www.visitcheltenham.gov.uk

Arlington Mill Museum

☎ 01285 740368 🕐 Mar-ott tutti i giorni 10-18; nov-feb lun-ven 10-17, sab-dom 10-17,30 ✋ Economico

3 Exmoor

www.visit-exmoor.info

In questo parco nazionale, al confine tra Somerset e Devon, a estese brughiere d'erica fanno da contrappunto boschi e profondi avvallamenti che arrivano fino al mare.

All'interno degli oltre 400 km² di Exmoor si estendono vaste brughiere d'erica e prati erbosi, boschi e piantagioni, un elevato altopiano e ripide valli, terreni coltivati e pascoli, così come splendide scogliere: tutte caratteristiche queste che hanno un'influenza notevole sullo sviluppo della zona. Il parco nazionale confina con il canale di Bristol e offre un fresco clima marittimo. La sua collina più alta è Dunkery Beacon, 519 m, da cui si gode uno splendido panorama sulle valli di Barle, Exe e i fiumi East e West Lyn. Al confine settentrionale del parco i paesi di Lynton e Lynmouth sono collegati fra loro da una ferrovia con una locomotiva a vapore del XIX secolo. Il paese più in basso, alla foce del Lyn, fu devastato da una famosa inondazione nel 1953. Il paese più in alto vanta una bellissima veduta, e domina la spettacolare e arida Valley of the Rocks, che si estende parallela alla suggestiva scogliera, alta 150 m. La vicina Watersmeet è un luogo noto per la sua bellezza, posto sul fondo di una valle dove l'Hoar Oak Water incontra lo East Lyn River. La fauna di Exmoor è molto ricca: vi si trova anche il cervo rosso, le cui corna sono state prese a simbolo del Parco nazionale. Questa campagna (bellissima

da attraversare a piedi) ha ispirato numerosi scrittori. Tra questi ricordiamo R.D. Blackmore, che in *Lorna Doone*, ha narrato la storia (ambientata nella brughiera) di un amore contrastato. Anche Henry Williamson ne ha tratto ispirazione per il suo *Tarka the Otter* (Tarka la lontra), una storia che esalta le bellezze naturali, sicuramente ispirata al periodo che egli trascorse a Exmoor.

10Q Parco Nazionale di Exmoor, Fore Street, Dulverton, Somerset TA22 9EX 01398 323665

4 Vallo di Adriano

www.hadrians-wall.org

Lo scopo di queste grandi mura, e del complesso sistema di fortificazioni, era quello di proteggere i Romani dalle razzie dei barbari Pitti, che partivano dalla Scozia.

Parte di una serie di fortificazioni di confine costruite dai Romani attraverso l'Europa del nord, il Vallo di Adriano si estende per 117 km, da Wallsend (sulla costa est, vicino a Newcastle upon Tyne) fino a Bowness-on-Solway, in Cumbria (sulla costa ovest). Iniziate nel 122 d.C., occorsero solo sei anni per completare queste mura, spesse a tratti 3 m. Il percorso sugli spalti raggiungeva un'altezza di anche 3,5 m rispetto al suolo.

Le mura furono costruite per proteggere i Romani britannici dalle razzie dei Pitti, che provenivano dall'attuale Scozia: alcuni tratti, molto spettacolari, corrono ancora lungo il confine anglo-scozzese. Il Vallo di Adriano fu abbandonato nel 383 d.C.: molte pietre delle mura furono riutilizzate per costruzioni locali, ma resta abbastanza per avere un'idea di cosa fosse una provincia romana di frontiera. Sono molti i musei e i centri didattici che sorgono lungo le mura, e che descrivono la vita ai tempi dei Romani: possiamo trovarli a Birdoswald, Once Brewed, Vindolanda e Chesters, anche se il centro più completo è quello del **forte e museo di Housesteads**. Conosciuto dai Romani come Vercovicium, Housesteads è il forte romano meglio conservato di tutta la Gran Bretagna, e occupa una posizione spettacolare, con veduta dominante sulla cupa campagna del Northumberland. Era abitato da una guarnigione di circa 1000 soldati: il museo, oltre a ricreare aspetti della vita militare, spiega anche la storia naturale della regione. Gli escursionisti possono seguire il percorso delle mura lungo il National Trail.

3K The Manor Office, Hallgate, Hexham, Northumberland, NE46 1XD 01434 652220

Housesteads Fort and Museum

Housesteads 01434 344363 Apr-set tutti i giorni 10-18; ott-mar tutti i giorni 10-16. Chiuso 24-26 dic, 1 gen

Medio

5 Lake District

www.lake-district.gov.uk

Pochi luoghi in Inghilterra hanno la grande varietà di paesaggi del Lake District; e meno ancora possono vantare la stessa ricchezza di storia e leggende locali.

Il Lake District, che occupa una porzione della Cumbria nel nord-ovest, è conosciuto a livello nazionale e internazionale come un luogo di grande bellezza naturale, e richiama turisti da ogni parte del mondo. Con i suoi quasi 2300 km² è il più grande (nonché spettacolare) parco nazionale d'Inghilterra. Racchiude i più grandi laghi e le più alte montagne del Paese, in una combinazione a dir poco emozionante. Windermere è il lago più esteso d'Inghilterra (17 km da Waterhead a Lakeside); Wastwater è il più profondo (79 m); Scafell Pike è la montagna più alta (978 m).

Il Lake District è un sistema di valli (o *dales*) che si irradiano da un nucleo centrale di montagne, conosciuto come *fells*. Si tratta di un ottimo ambiente per gli escursionisti, che accorrono a migliaia verso alcune famose cime, quali Scafell Pike, Helvellyn, Skiddaw e Great Gable. Nonostante la modesta altitudine, qui il tempo può essere molto rigido, e occorre prendere le dovute precauzioni. Ci sono inoltre più di 2400 km di sentieri che attraversano tutti i tipi di terreno, dalle rive dei laghi alle tranquille foreste, alle aperte brughiere, e assicurano livelli di escursionismo adatti a tutti.

Tra i principali centri turistici, Windermere, Bowness e Kendal sono particolarmente rinomate

e sono raggiungibili sia in auto che in treno. Molti si dirigono al **Visitor Centre**, a Brockhole. Keswick, nel nord, è circondata da imponenti montagne e ha una grande quantità di negozi di abbigliamento per il tempo libero. Anche Ambleside, nel sud, presenta un ambiente naturale simile. Grasmere è rinomata anche per il poeta William Wordsworth (1770-1850), nato in Cumbria, che proprio qui compose le sue opere migliori. Se non amate l'eccessivo affollamento di questa notissima regione, dovete dirigervi ai margini del parco nazionale. Wasdale e Eskdale a ovest, e Mardale e Swindale a est, sono fra le valli più tranquille, senza i problemi delle eccessive presenze che opprimono il centro del parco. Ma nella maggior parte dell'anno, anche le famose valli di Langdale, Buttermere e Borrowdale sono sorprendentemente tranquille e silenziose.

1J

Lake District Visitor Centre

Brockhole (sulla A591 tra Windermere e Ambleside), Cumbria 01539 446601 Apr-nov tutti i giorni 10-17. Terreni e giardini: tutti i giorni Gratuito; parcheggio £4 al giorno

6 Oxford

www.visitoxford.org

Oxford è un importante centro industriale e commerciale, dominato sia storicamente che fisicamente dalla sua università.

La moderna Oxford si estende verso est, e include tanto le industrie automobilistiche quanto le case editrici e le scuole di lingua inglese: il tutto all'interno dei suoi confini urbani. I 36 college dell'università sono istituzioni grandi e complesse, che esercitano certo una notevole influenza, pur non monopolizzando totalmente la vita della città.

La prima cosa che colpisce i visitatori è l'architettura dei college. Ci sono capolavori di tutti i

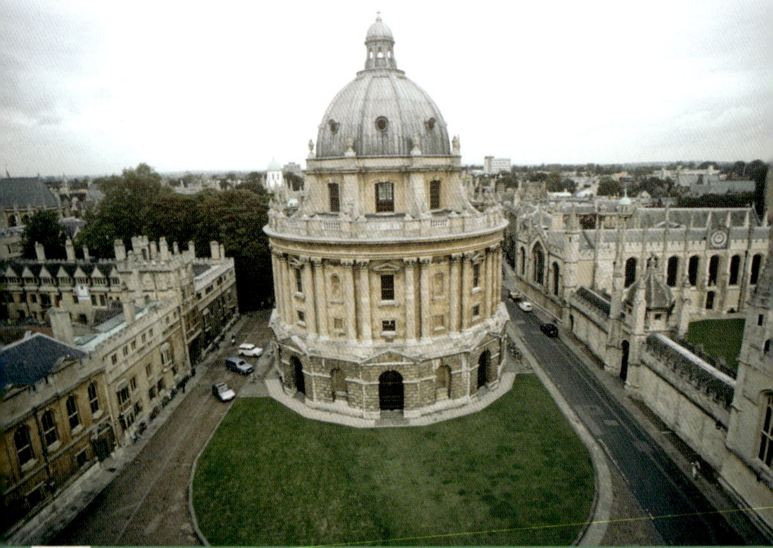

periodi, dal primo gotico del Merton College al modernismo sperimentale del St. Catherine's. La collocazione degli edifici nel centro della città dà a Oxford un'atmosfera veramente storica. Aggiungono un ulteriore tocco all'ambiente i vasti parchi che circondano il centro, i numerosi ciclisti e gli amanti dei tradizionali barchini a fondo piatto (*punt*). La vocazione scolastica della città ha inizio almeno dal 1167, quando alcuni studenti espulsi da Parigi si stabilirono qui sotto il patronato di Enrico II. I college, con i loro cortili, refettori e cappelle, riflettono ancora oggi l'influenza delle istituzioni religiose dalle quali furono fondati. Di grande interesse è l'**Ashmolean Museum**, il più antico museo pubblico inglese, fondato nel 1683. Questo ospita le ricchissime collezioni d'arte e d'antiquariato provenienti dall'università. All'angolo di Broad Street si trovano anche la **Bodleian Library** e lo Sheldonian Theatre.

14R 16 Broad Street 01865 726871 Lun-sab 9,30-17, dom 10-16

Ashmolean Museum

Beaumont Street 01865 278000; www.ashmol.ox.ac.uk Mar-sab 10-17, dom 12-17. Chiuso 1 gen, Ven santo-dom di Pasqua, 3 giorni i primi di settembre, 24-28 dic Gratuito Visite guidate

Bodleian Library

Broad Street 01865 277180; www.bodley.ox.ac.uk Lun-ven 9-17 (l'orario può variare), sab 9-13. Chiuso 25 dic e Pasqua Economico Visite guidate: tutti i giorni 10,30, 11,30, 14, 15

7 Stonehenge

www.english-heritage.org.uk/stonehenge

Il grande cerchio di megaliti a Stonehenge costituisce una delle meraviglie del mondo, antico quanto molti templi e piramidi d'Egitto.

Stonehenge (dall'antico inglese *hanging stones*, pietre sospese, in riferimento agli architravi) si trova 3 km a ovest di Amesbury, nel Wiltshire, ed è uno dei siti neolitici più conosciuti al mondo. Non è però, come si potrebbe pensare, un monumento isolato. In realtà, i megaliti sono parte di un esteso complesso, ricco di resti di strutture preistoriche cerimoniali e abitative. Quello che vediamo oggi è infatti l'ultimo di una serie di monumenti eretti in varie fasi tra il 3000 e il 1600 a.C.: ognuno di essi è di forma circolare, ed era allineato sul punto in cui sorgeva il sole durante il solstizio d'estate (anche se molte delle strutture risultano incomplete). Gli archeologi discutono ancora oggi se Stonehenge fosse un luogo per sacrifici rituali e per il culto del sole, una qualche sorta di osservatorio astronomico o un palazzo reale. La struttura ha comunque richiesto un enorme investimento di tempo e di risorse umane: ci sono voluti enormi sforzi per trasportare le pietre, alcune di oltre 40 tonnellate, da luoghi lontani decine o centinaia di miglia (soprattutto da Preseli, nel Galles, da dove sono arrivate trasportate su zattere e poi trascinate). Stonehenge oggi è un sito Patrimonio mondiale dell'Umanità, e la sua conservazione è una priorità dopo gli interventi restaurativi dell'inizio dell'Ottocento. Recentemente è sorto qualche conflitto per l'accesso al sito fra la polizia e i moderni 'druidi' e

seguaci del celtismo, intenzionati a perpetuare attorno a Stonehenge cerimonie neopagane. Per esplorare i dintorni della Piana di Salisbury ci sono percorsi segnalati: un dépliant archeologico disponibile nei negozi di souvenir vi può aiutare a decifrare questo antico sito.

13Q Presso Amesbury, Wiltshire 0870 333 1181 Metà-mar-giu, sett-metà ott tutti i giorni 9,30-18; giu-set tutti i giorni 9-19; metà-fine ott tutti i giorni 9,30-17; fine ott-metà mar tutti i giorni 9,30-16. Chiuso 24-26 dic e 1 gen Medio Stonehenge Kitchen (£-££) Visita audio guidata

8 Torre di Londra

www. hrp.org.uk

In posizione dominante sul Tamigi, la Torre di Londra è famosa come luogo di prigionia e di uccisioni; è anche una delle fortezze medioevali più importanti d'Inghilterra.

La Torre, che non è solo una torre ma un vero e proprio castello, è una dei segni distintivi di Londra. È stata una residenza della famiglia reale, un'armeria e

la sede (funzione che ancora oggi mantiene) dei gioielli della Corona (Crown Jewels). È circondata dai giardini della Torre, dove hanno avuto luogo le esecuzioni di due delle mogli di Enrico VIII (Anna Bolena e Catherine Howard). Qui potete trovare alcuni dei famosi corvi della Torre, gli ultimi di una lunga stirpe protetta da un decreto reale. Le loro ali sono state tarpate, in modo da non poter volare via, perché la leggenda dice che qualora avessero abbandonato il luogo la Torre e il regno sarebbero crollati. Le visite intorno alla Torre avvengono sotto la supervisione dalle Guardie Yeoman (Beefeaters), che raccontano storie di torture e di intrighi. I gioielli della Corona sono custoditi nella Jewel House: la visita è piuttosto rapida, dal momento che i visitatori sono trasportati su *tapis roulant*. Nell'abbagliante esposizione c'è la corona (Imperial State Crown), che contiene un diamante di 317 carati, oltre a zaffiri, smeraldi, rubini e perle (il diamante più famoso è però il Koh-i-Noor, incastonato nella corona realizzata per la regina Madre nel 1937). Nella Bloody Tower ci sono poi le stanze in cui il dodicenne Edoardo V, e suo fratello Riccardo (detti i principi nella Torre) furono uccisi da Riccardo III, e dove sir Walter Raleigh fu tenuto prigioniero per ben 13 anni.

Londra (fuori cartina verso est) 0870 756 6060
Mar-ott mart-sab 9-18, dom-lun 10-18; nov-feb mart-sab 9-17, dom-lun 10-17. Ultimo ingresso un ora prima della chiusura. Chiuso 1 gen, 24-26 dic Molto costoso
Caffè (£) Tower Hill 15, 25, 42, 78, 100, D1
Fenchurch Street (National Rail); Tower Gateway (DLR)
Per evitare le code comprate I biglietti in anticipo in qualsiasi stazione della metropolitana. Ci sono visite guidate gratuite di un'ora ogni 30 minuti.

9 York

www.visityork.org

York è una delle poche città inglesi in cui si respira un'atmosfera medioevale. Fondata dai Romani nel 71 d.C. (*Eboracum*), diventò presto un'importante città.

Il nome York deriva da un termine scandinavo (*Jorvik*) e lo **Jorvik Viking Centre** a Coppergate ospita una testimonianza della città nel periodo della dominazione scandinava. In seguito i normanni fecero di York la loro capitale politica, commerciale e religiosa del nord. Di importanza centrale è la magnifica York Minster, per la cui costruzione furono impiegati 250 anni, e fu completata e consacrata nel 1472: oggi è uno dei monumenti più importanti della città, e conserva uno dei migliori esempi di vetrate medioevali di tutta l'Inghilterra. Durante il periodo medioevale, York divenne un importante centro per il commercio della lana. La prosperità che ne derivò comportò lo sviluppo anche di altre attività commerciali: così vennero a abitare in città molti orefici, macellai, calzolai e sellai. Molti di essi si stabilirono nella zona dove si trovano Stonegate, Goodramgate e Shambles, strade che

conservano ancora oggi un aspetto tipicamente medioevale. Anche le mura medioevali sono in gran parte intatte, e offrono un interessante percorso circolare di circa 4 km. Oltre le mura, il **National Railway Museum** racconta la storia delle ferrovie britanniche: vale la pena visitarlo soprattutto per le imponenti locomotive a vapore.

4G St. Leonard's Place, De Grey rooms YO1 7HB
01904 621756 Lun-sab 9-18, dom 10-17

Jorvik Viking Centre

Coppergate 01904 643211; www.vikingjorvik.com
Apr-ott tutti i giorni 10-17; nov-mar tutti i giorni 10-16
Medio

National Railway Museum

Leeman Road Tutti i giorni 10-18 01904 321261; www.arm.org.uk Medio

10 Yorkshire Dales

www.yorkshiredales.co.uk

Una serie di affascinanti vallate, ognuna con una caratteristica distintiva, forma questo affascinante parco nazionale.

Situate a cavallo dei Pennines nel nord dell'Inghilterra, le Yorkshire Dales sono un'area famosa per le selvagge brughiere, i fiumi, i ruscelli (qui chiamati *becks*) e le valli (dette *dales*), impreziosite da siepi, muri e villaggi. Le valli principali (Airedale, Wharfedale, Nidderdale, Wensleydale e Swaledale) hanno caratteristiche e culture distinte, nonché dialetti differenti. Ma il paesaggio le accomuna tutte, con le sue colline aperte, le brughiere d'erica, le rocce calcaree e i soffici tappeti erbosi. La regione è inoltre percorsa da un sistema di grotte così complesso che alcune sono ancora oggi inesplorate (ci sono delle grotte visitabili a Clapham, e vicino a Grassington). Grassington stesso, un bellissimo paesino intorno a una piazza nel Wharfedale, possiede un interessante museo etnografico. La vicina Bolton Priory è un'abbazia medioevale situata in mezzo a una prateria, circondata da boschi e brughiere ondeggianti. L'attrazione principale di Airedale è invece Malham Cove, un'alta parete rocciosa di 76 m che domina l'inizio della valle.

Wensleydale, famosa per il suo formaggio, si trova più a nord, e vanta cascate spettacolari e l'animato mercatino di Hawes. Swaledale è nel complesso più remota e selvaggia: i suoi margini più settentrionali digradano nelle alte brughiere dei Pennines settentrionali. Qui l'estrazione del piombo è stata importante fino alla fine del XIX secolo, e le *gills* (valli laterali) portano i segni dell'industria estrattiva. Le cittadine dei dintorni – come Settle e Ingleton nell'ovest, Skipton (► 112-113) nel sud, e Richmond (► 110) e Leyburn nell'est – rappresentano ottime basi per le escursioni: questa splendida campagna è infatti attraversata dal grande sentiero nazionale Pennine Way e da altri percorsi (tra cui uno impegnativo che collega le tre cime più alte della regione: Pen-y-Ghent, Whernside e Ingleborough).

3H Autorità del Parco nazionale delle Yorkshire Dales, Colvend, Hebden Road, Grassington, Skipton, West Yorkshire BD23 5LB 01756 751694; www.yorkshiredales.org.uk o www.yorkshirevisitor.com Apr-nov tutti i giorni 10-17; dic-mar solo sab-dom

Che cosa fare

Dove mangiare

Antony's (££-£££)

Questo ristorante, gestito da padre e figlio e aperto dal 2004, ha meritato numerose segnalazioni. Il menu a pranzo propone un'economica introduzione alla loro audace, rinomata cucina.

✉ 19 Boar Lane, Leeds ☎ 0113 245 5922

Brown's (££)

In passato era un mulino per macinare il grano sulla sponda del fiume Severn, con muri color crema e alti soffitti. Cucina inglese con un tocco moderno.

✉ South Quay, Worcester ☎ 01905 26263

The Glass House (£-££)

Antico mulino restaurato con enormi finestre. Piatti mediterranei contemporanei e cucina inglese tradizionale.

✉ Rydal Road (accanto al negozio di vetro soffiato Adrian Sankey), Ambleside, Cumbria ☎ 01539 432137

Green's Café (£)

Nel menu del bar di Jan Rasmussen si trova una grande scelta di sandwich, panini e buon caffè, ma la sua arma vincente è il servizio wi-fi, gratuito per i possessori di computer portatile.

✉ 50 St.Giles, Oxford ☎ 01865 316878

The Jolly Sportsman (£-££)

In questo noto *gastropub* (pub con cucina di buona qualità), si trovano birre eccellenti e ottimo cibo. Specialità il pesce.

✉ Chapel Lane, East Chiltington, East Sussex ☎ 01273 890400

The Old Success Inn (£-££)

Locanda per pescatori risalente addirittura al XVII secolo, che serve specialità casalinghe, pesce e panini.

✉ Sennen Cove, Cornovaglia ☎ 01736 871232

Pump Room (££)
Pranzate, o sorseggiate un tè pomeridiano, sulle note di una serenata dal vivo, in ambienti in stile georgiano.
✉ Cortile dell'Abbazia, Bath ☎ 01225 444477

The Refectory (£)
Buon caffè e spuntini leggeri serviti nei suggestivi chiostri.
✉ Chiostri della cattedrale, Wells, Somerset

Tate Britain Restaurant (££)
I dipinti murali di Rex Whistler fanno da sfondo alla cucina casalinga.
✉ Millbank, Londra ☎ 020 7887 8000

Con i bambini

Eureka

Museo della scienza cui sono stati tributati molti premi, con esperienze interattive progettate appositamente per i bambini.
Discovery Road, Halifax, West Yorkshire 01422 330069; www.eureka.org.uk Tutti i giorni 10-17; chiuso 24-26 dic Medio

Flambards Village

Parco per famiglie: include un villaggio vittoriano, giostre, un museo sull'aeronautica, un museo sulla guerra e un centro scientifico.
Culdrose Manor, Helston, Cornovaglia 01326 573404; www.flambards.co.uk Apr-ott tutti i giorni 10,30-17; nov-mar tutti i giorni 11-16 Costoso (tutte le attività e giostre sono incluse)

Ironbridge Gorge Museums

Il primo ponte di ferro del mondo fu fuso e costruito qui nel 1779. Adesso è sede di una splendida serie di dieci musei industriali e di mostre sempre interessanti (► 124-125).
Ironbridge, Telford, Shropshire 01952 884391; www.ironbridge.org.uk Tutti i giorni 10-17. Alcuni musei chiudono nov-mar Medio-costoso; chiedete del biglietto unico per tutti i musei

Legoland Windsor

Questo fantastico parco a tema in miniatura è dedicato all'immaginazione e alla creatività dei bambini. È stato specificamente progettato per i minori di 12 anni, e farà divertire sicuramente i bambini per un giorno intero.
Windsor Park, Windsor, Berkshire 0870 504 0404; www.legoland.co.uk Mar-ott tutti i giorni 10-17 Molto costoso

Madame Tussaud's

Capi di Stato, musicisti, atleti e attori stanno fianco a fianco in questo leggendario museo delle cere a Londra.
Marylebone Road 0870 400 3000; www.madame-tussauds.co.uk Lun-ven 9,30-17,30, sab-dom 9-18 Molto costoso Baker Street

Magna

Centro che propone avventure scientifiche alla scoperta di terra, aria, fuoco, e acqua, con esempi pratici e sfide interattive. Cinque padiglioni di avventure, due spettacoli e un parco avventura all'aperto.

✉ Sheffield Road, Templeborough, Rotherham ☎ 01709 720002; www.visitmagna.co.uk 🕒 Tutti i giorni 10-17; chiuso 24-25 dic 🖐 Medio

National Maritime Museum

La storia della marina; il mondo di Nelson e la gloria dell'Impero; la potenza marittima del XX secolo e lussuosi transatlantici.

✉ Romney Road, Greenwich, Londra ☎ 020 8858 4422, www.nmm.ac.uk 🕒 Tutti i giorni 10-17 🖐 Gratuito 🚆 Dockland Light Railway: Cutty Sark

Norfolk Broads Wildlife Centre and Country Park

Animali e piante selvatiche di tutta Europa in un parco con aree riservate agli animali domestici, zone ricreative e vasche di trote.

✉ Great Witchingham, Norfolk ☎ 01952 884391; www.norfolkwildlife.co.uk 🕒 Apr-ott tutti i giorni 10-17 🖐 Medio

Speedwell Cavern

Scendete 105 scalini fino a una barca che vi conduce per un paio di chilometri attraverso fiumi e laghetti sotterranei.

✉ Winnats Pass, Castleton, Derbyshire ☎ 01433 620512; www.speedwellcavern.co.uk 🕒 Lun-ven 10-17, sab-dom 10-17,30 🖐 Medio

Pub 'notevoli'

The Britannia Inn

Tutto quello che vi aspettereste da una tradizionale locanda inglese. Il Britannia si trova accanto alla piazza del paese sotto un antico acero.

✉ Elterwater, Cumbria ☎ 01539 437210

Cott Inn

Un caldo, simpatico pub con camini, pietre e ottoni.

✉ Cott, Dartington, Devon ☎ 01803 863777

The George Inn

Un autentico pub tradizionale con tutte le caratteristiche delle Dales: pareti bianche, pavimenti di pietra, soffitti con travi, camini e atmosfera da XVIII secolo.

✉ Hubberholme, Wharfedale, North Yorkshire ☎ 01756 760808

The George of Stamford
Un'elegante e affollata locanda costruita nel 1597 da lord Burghley, che fu statista e consigliere della regina Elisabetta I.
✉ 71 St. Martin's, Stamford, Lincolnshire ☎ 01780 750750

Harrow Inn
Nascosto in una quieta stradina, questo ottimo e ben conservato pub di campagna è gestito dalla stessa famiglia fin dal 1929.
✉ Steep, Hampshire ☎ 01730 262685

The Lamb Inn
L'aspetto e l'atmosfera storica di questa locanda di Cotswold, aperta da più di 500 anni, sono davvero affascinanti. Il menu propone piatti nuovi e tradizionali preparati con prodotti locali.
✉ Sheep Street, Burford, Oxfordshire ☎ 01993 823155

The New Inn
Un pub in pietra coperto di edera dei primi del XVII secolo, diventato popolare soprattutto per il suo menu di specialità creative.
✉ Yealand Conyers, Lancashire ☎ 01524 732938

The Ringlestone Inn
Un'affascinante birreria del XVII secolo in cima a North Downs, accanto alla Pilgrims Way. Le specialità (torte e salsicce) sono dei classici fra i clienti abituali.
✉ Ringlestone, Kent ☎ 01622 859900

The Saracen's Head
Tra i campi, al nord nella campagna di Norfolk, questo pub ha un accogliente salotto con un camino e un cortile riparato per cene estive. Qui contano l'originalità e la qualità dei piatti, e prodotti tipici proposti dal menu.
✉ Wolterton, Erpingham, Norfolk ☎ 01263 768909

Le case e i giardini più belli

CASE

Audley End House

Dimora del periodo di Giacomo I con 30 stanze aperte al pubblico. Giardini progettati da Capability Brown.
✉ Saffron Walden, Suffolk ☎ 01799 522399 🕐 Parco: mer-dom 10-18. Casa: mer-ven, sab 11-14, dom 11-14
✋ Medio

Hampton Court Palace

Bel palazzo Tudor sulle rive del Tamigi, per secoli residenza dei monarchi.
✉ Hampton Court, Surrey ☎ 0870 7527777; www.hampton-court-palace.co.uk
🕐 Mar-ott tutti i giorni 10-18; nov-mar tutti i giorni 10-16; l'orario può variare
✋ Costoso

Hardwick Hall

Palazzo costruito nel XVI secolo per Bess di Hardwick che conserva molto dell'arredamento originale. Nel grande parco si trovano specie rare.
✉ Vicino a Chesterfield, Derbyshire ☎ 01246 850430 🕐 Mar-nov mer-gio, sab-dom 12-16,30; l'orario può variare ✋ Medio

Petworth House and Park

Bella collezione d'arte, sculture in legno e un parco che ospita cervi.
✉ Petworth, Sussex ☎ 01798342207 🕐 Sab-mer 11-17 ✋ Medio (Parco: gratuito)

GIARDINI

Clumber Park

Grande tenuta che comprende una foresta, un parco, un lago e un

orto chiuso. Eventi speciali nei weekend estivi.
✉ Worksop, Nottinghamshire ☎ 01909 476592 🕐 Tutti i giorni dall'alba al tramonto. Giardini: tutti i giorni 10-17 ✋ Economico

Harlow Carr Botanical Garden
Un giardino nordico della Royal Horticultural Society, con aree ornamentali e boschive.
✉ Cragg Lane, Harrogate, Yorkshire ☎ 01423 565418 🕐 Mar-ott tutti i giorni 9,30-17 ✋ Medio

Lost Gardens of Heligan
Magnifico giardino con ananas in serre e una grotta di cristallo.
✉ Pentewan, St. Austell, Cornovaglia ☎ 01726 845100; www.heligan.com 🕐 Mar-ott tutti i giorni 10-6; nov-mar 10-5 ✋ Medio

Sheffield Park Garden
Progettato da Capability Brown, con quattro grandi laghi, cascate, rododendri e azalee.
✉ Sheffield Park, Sussex ☎ 01825 790231 🕐 Giu-ott mart-dom 10,30-18 ✋ Medio

Westonbirt Arboretum
Una delle più grandi collezioni europee di alberi e arbusti. Interessante da vedere tutto l'anno.
✉ Vicino a Tetbury, Gloucestershire ☎ 01666 880220 🕐 Tutti i giorni 10-tramonto ✋ Medio

Attività all'aria aperta

Andate a vedere una partita di calcio. I biglietti per le partite importanti sono difficilmente reperibili, mentre per le partite del sabato nelle città di provincia non ci sono problemi.

Passeggiate in un parco nazionale. Gli uffici turistici dei parchi forniscono dépliant su escursioni guidate e natura.

Noleggiate una barca e remate su un fiume o un lago del parco. A Oxford o Cambridge prendete un barchino, come fanno gli studenti.

Fate un'escursione a cavallo. Ci sono scuole d'equitazione a cura dalla British Horse Society (Bhs) quasi ovunque. Informazioni dettagliate presso gli uffici turistici.

Visitate a piedi una cittadina, è uno dei modi migliori per conoscere un luogo: nei centri turistici locali trovate i dépliant.

Noleggiate una bici, fate un giro per le stradine di campagna e fermatevi per un picnic. Il Norfolk è una delle contee più pianeggianti d'Inghilterra.

Fate una piccola scommessa alle corse dei cavalli. Ci sono corse di cavalli in tutto il Paese. Per maggiori informazioni consultate il sito www.bhb.co.uk

Guardate una delle locali partite di cricket. L'estate si gioca un po' in tutto il Paese, il sabato pomeriggio.

Fate una passeggiata lungo le spiagge, soprattutto fuori stagione, quando le coste sono deserte.

Visitate uno dei numerosi siti megalitici d'Inghilterra, come Avebury nel Wiltshire o Castlerigg in Cumbria.

a piedi

nei parchi reali di Londra

I parchi reali sono bellissime oasi di verde nel cuore di Londra; questa passeggiata ne collega ben quattro.

Cominciate da Westminster, dal lato opposto della Houses of Parliament. Attraversate Parliament Square ed entrate in Great George Street. Prendete la prima a destra, e girate nel St. James's Park.

Il St. James's è uno dei parchi del centro di Londra più belli e antichi, voluto da Enrico VIII verso il 1530.

Tenetevi sulla sinistra del lago fino ad arrivare a un ponte che vi permetterà di attraversarlo.

La veduta dal ponte è slendida, in entrambe le direzioni: vi troverete davanti gli impressionanti edifici di Whitehall e, dietro, Buckingham Palace.

Dopo il ponte girate a sinistra, quindi raggiungete The Mall. Attraversate the Mall e andate verso Buckingham Palace. Mantenete la destra, costeggiando Green Park, e dirigetevi verso Constitution Hill. Prendete il sottopassaggio di Green Park e Hyde Park Corner come se andaste alla stazione di Hyde Park, ma proseguite verso il parco.

Hyde Park (➤ 81) in origine apparteneva alla Chiesa, fino a quando Enrico VIII lo trasformò in una tenuta di caccia.

Continuando lungo il margine est del parco, arrivate fino a Marble Arch. Attraversate il sottopassaggio pedonale, fino all'uscita 14 in Oxford Street. Continuate dritto sulla Oxford Street fino a quando potrete svoltare a sinistra, in Portman Street. Girate a destra in Portman Square, e continuate diritto fino a raggiungere l'incrocio tra Baker e Wigmore Street; girate a sinistra in Baker Street e all'altro lato di Portman Square. Continuate lungo Baker Street per un po' fino a raggiungere Regent's Park. Ritornate indietro dalla stazione di Baker Street.

Lunghezza 7 km
Durata 3-4 ore comprese le soste
Partenza Houses of Parliament ✚ *Londra 4b*
Arrivo Regent's Park ✚ Fuori cartina
Pranzo Serpentine Cafè (£)

Sentirsi a casa

Pranzate in un pub di campagna e provate la birra locale, assaporando un arrosto o un *ploughman's* (piatto di pane formaggio o carne, con sottaceti e insalata).

Mangiate una torta e dei sandwich nel pomeriggio in una sala da tè o un caffè.

Fate una passeggiata in un parco. Praticamente ogni città ne ha almeno uno.

Non lasciatevi scoraggiare dalle previsioni del tempo, portatevi sempre dietro un ombrello e vestitevi a strati.

Fate una colazione inglese in un pub *greasy spoon* (serve fritto e grigliate).

Siate flessibili: se necessario, cambiate programma.

Visitate un resort sul mare, come Mablethorpe sulla costa est o Margate nel Kent.

Fate shopping nei mercatini, ottimi per fare acquisti e buoni affari.

Comprate una mappa dettagliata e abbandonate le strade principali. Scoprirete paesini, fattorie che vendono prodotti locali, palazzi monumentali, giardini e luoghi in cui passeggiare.

Gustatevi *fish and chips* in una delle friggitorie d'angolo, dette *chippy*. Ce ne sono numerose in ogni città, anche se di solito le migliori sono vicino al mare.

Dove alloggiare

Bovey Castle Hotel (££-£££)
Lussuoso, nel centro di Dartmoor: camere eleganti, saloni da ricevimento, un ottimo ristorante e corsi di golf per professionisti.
✉ Moretonhampstead, Devon ☎ 01647 440355

The Dorchester (£££)
Di livello internazionale; bellissime camere con elegantissimi bagni: tutto ciò che potreste aspettarvi da un ottimo livello di servizio.
✉ 53 Park Lane, Londra ☎ 020 7629 8888 🚇 Hyde Park Corner

The Feathers at Ludlow (££)
Questo storico hotel, con travi a vista, soffitti decorati e rivestimenti di rovere, risale al XVII secolo. Le camere, spaziose e moderne, sono dotate di tutte le comodità.
✉ Bull Ring, Ludlow, Shropshire ☎ 01584 875261

Gravetye Manor (£££)
Una costruzione in pietra del periodo elisabettiano, situata alla fine di una lunga strada che attraversa i terreni della Forestry

Commission; l'interno è caratterizzato da magnifici rivestimenti in legno, caminetti, decorazioni floreali e grandi camere ben arredate, dotate dei comfort più moderni.
✉ Vowles Lane, East Grinstead, West Sussex ☎ 01342 810567

Le Manoir aux Quat'Saisons (£££)
I deliziosi orti che circondano questa casa del XV secolo forniscono le verdure e le erbe per l'apprezzata cucina dell'hotel; un ottimo hotel e ristorante guidato dallo chef francese Raymond Blanc.
✉ Church Road, Great Milton, Oxfordshire ☎ 01844 278881

Le Meridien Victoria and Albert (££-£££)
Situato in un ex magazzino, questo moderno hotel si trova sulla riva del fiume Irwell, ed è un'ottima base per visitare il patrimonio artistico e le attività commerciali di Manchester; anche il ristorante è eccellente.
✉ Water Street, Manchester ☎ 0161 832 1188

Le Meridien York (££-£££)
Questo magnifico hotel vittoriano, recentemente ristrutturato, serba memoria della raffinatezza del passato, e offre un'atmosfera piacevole di romantica eleganza. È circondato da giardini privati che danno sulle mura cittadine.
✉ Station Road, York ☎ 01904 653681

L'Inghilterra per zone

Anche se l'Inghilterra può non sembrare molto grande sulla cartina, è ricchissima di luoghi da vedere e di cose da fare: qui paesaggio e architettura cambiano in pochi chilometri. Da Londra (una delle più grandi capitali mondiali) alle miriadi di piccole cittadine con poco più di una chiesa e qualche casa, potete trovare splendide residenze monumentali, deliziosi mercatini, monumenti antichi, giardini favolosi, così come arte internazionale, memorie storiche o luoghi ideali per lo shopping.

Nel nord ci sono le montagne del Lake District e gli enormi spazi aperti della Northumbria; lo Yorkshire e il Peak District, nei quali si trovano valli e brughiere. Nel sud la costa del West Country contrasta con le brughiere e i frutteti del più popolato sud-est. In mezzo ci sono le Cotswolds, punteggiate da villaggi in pietra perfettamente conservati, e le zone paludose dell'East Anglia, con i loro meravigliosi corsi d'acqua.

Londra

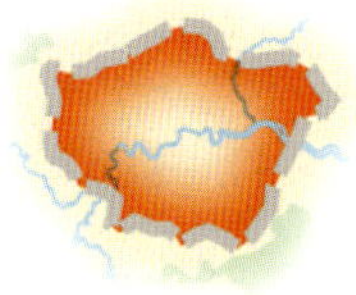

Londra, una delle più grandi capitali europee, ha una popolazione di più di 7 milioni di abitanti, un'estensione di circa 992 km² ed è attraversata dal fiume Tamigi. È una città dal carisma ineguagliabile e con un'atmosfera particolarmente vivace, che deriva tanto dall'incredibile cosmopolitismo dei suoi abitanti, che dal palpito della vita della metropoli.

Eppure nonostante la costante attività, a Londra le oasi di pace e tranquillità sono numerose. I parchi pubblici di Londra, i giardini, i musei e le chiese storiche sono fra i più interessanti del mondo e molte di queste attrattive sono fuori dal congestionato traffico cittadino e dalla tumultuosa vita di tutti i giorni. Gli appassionati dello shopping si troveranno qui in una sorta di paradiso, sia che entrino da Harrods insieme ai vip, sia che si immergano nella folla di uno dei numerosi mercatini domenicali.

BRITISH MUSEUM

Il British Museum, il primo museo pubblico del mondo, fu creato nel 1753, dopo la morte di Sir Hans Sloane, la cui collezione di oltre 80.000 opere fu venduta al governo britannico. Il museo, il più grande del Regno Unito con i suoi oltre 6 milioni di pezzi, si trasferì nell'attuale sede nel 1823. Assolutamente da vedere sono i marmi di Lord Elgin, la stele di Rosetta, la collezione orientale, la galleria messicana e i Vangeli di Lindisfarne.

www.thebritishmuseum.ac.uk

Londra 4f Great Russell Street, Bloomsbury 020 7636 1555, 020 7323 8000 Sab-mer 10-17,30, gio-ven 10-20,30. Chiuso 1 gen, venerdì Santo, 24-26 dic Gratuito Caffè (£); ristorante (££) Holborn, Tottenham Court Road, Russell Square

BUCKINGHAM PALACE

Costruito nel 1703 (sul luogo dove sorgeva un bordello) per dare al duca di Buckingham una residenza in città, il palazzo, che fu rinnovato nel XIX secolo, ha avuto la funzione di residenza reale a Londra dai tempi della regina Vittoria. Diciotto delle 600 stanze che lo compongono sono aperte alle visite per due mesi all'anno, ma le code alla biglietteria di Green Park possono essere lunghissime. Il

cambio della guardia, che avviene ogni giorno alle 11,30 circa da aprile a luglio, e a giorni alterni il resto dell'anno, non è altrettanto affollato, ed è per molti il motivo più importante per raggiungere il palazzo.

www.royalcollection.org.uk

Londra 2c The Mall 020 7766 7300 Ago-set tutti i giorni 9,45-18, ultimo ingresso 15,45 Molto caro Green Park, Hyde Park Corner, St. James's Park, Victoria

COVENT GARDEN

La brulicante piazza pedonale di Covent Garden (il suo nome deriva dall'orto di un convento medioevale), fu progettata da Inigo Jones nel 1631, ed era in origine un luogo molto elegante. Quarant'anni dopo si era trasformata nel più grande mercato ortofrutticolo di Londra, e in seguito divenne un noto quartiere a luci rosse. Intorno al 1830 la zona fu ripulita e la grande struttura di vetro e acciaio che vediamo oggi fu costruita per ospitare il mercato, che rimase qui fino al 1974 quando si spostò a sud del fiume, a Vauxhall. Oggi della struttura originale restano solo la St. Paul's Church e alcune arcate dove si esibiscono musicisti e artisti di strada. La Royal Opera House (► 96) riaprì nel 1999 dopo un importante restauro.

Londra 5e Numerosi (£-££) Covent Garden

DOCKLANDS

Il moderno uso dei container portò al declino dell'enorme zona portuale di Londra. Per 20 anni questa parte della città rimase abbandonata, fino agli anni '80, quando fu fondata una società per lo sviluppo con l'obiettivo di creare abitazioni e uffici. Il pezzo forte è la Canary Wharf tower, 244 m, l'edificio più alto della Gran Bretagna, progettato da Cesar Pelli. La zona è collegata con Londra dalla Docklands Light Railway (Dlr), con i suoi caratteristici treni senza conducente, e dalla Jubilee line, la cui stazione, Canary Wharf, fu progettata da sir Norman Foster.

Londra (fuori cartina verso est)

GREENWICH

Il distretto di Greenwich, noto per essere il luogo che dà il nome al meridiano fondamentale, è anche legato alla storia del regno e della marina inglese, e vanta alcune tra le più belle architetture di Londra: il Royal Observatory, lo Old Royal Naval College, la Queen's House (un palazzo in miniatura costruito per la moglie di Giacomo I) e il National Maritime Museum. Il famoso veliero *Cutty Sark* è attraccato qui, nel Tamigi, e Greenwich Park è uno dei parchi più belli.

Londra (fuori cartina verso est) DLR Cutty Sark

HYDE PARK

Hyde Park è il più grande e famoso parco di Londra. Se entrate da Hyde Park Corner, passate attraverso il Constitution Arch, che commemora la vittoria di Wellington a Waterloo. Se venite da Oxford Street, passate invece attraverso il Marble Arch, progettato da Nash nel 1827 a imitazione dell'arco di Costantino a Roma: fino al 1851 si trovava di fronte a Buckingham Palace (► 78-79). Vicino c'è lo Speaker's Corner, un angolo del parco dal quale declamano tipi strani: un posto ideale per una pausa divertente. **The Serpentine Gallery**, a ovest del lago Serpentine, ospita mostre di arte contemporanea.

Londra (fuori cartina verso ovest) The Lido café (£) Molte, comprese Marble Arch e Hyde Park Corner

Serpentine Gallery

020 7402 6075; www.serpentinegallery.org Tutti i giorni 10-18 durante i periodi di mostre Gratuito Lancaster Gate, South Kensington

LONDON EYE (BRITISH AIRWAYS)

Regalatevi 30 minuti di divertimento sulla più grande ruota panoramica del mondo, costruita per festeggiare il nuovo millennio. Un'aggiunta subito riconoscibile nel panorama di Londra: nei giorni sereni potete vedere fino a 40 km di distanza. Comprate i biglietti in anticipo per evitare le code.

www.ba-londoneye.com

Londra 5c Jubilee Gardens, South Bank 0870 5000 600, 0870 9908883 Costoso Waterloo

MUSEUM OF LONDON

Cominciando con una sezione sulla preistoria e proseguendo in ordine cronologico, il Museum of London narra la storia della capitale. A Londra restano pochi edifici antichi, ma dalla Seconda guerra mondiale sono stati scoperti molti importanti resti romani, sassoni e Tudor che ora sono esposti qui. Troverete anche la carrozza del Lord Mayor (sindaco), la ricostruzione di una cella della prigione Newgate e la storia del grande incendio di Londra.

www.museumoflondon.org.uk

Londra 8f London Wall 0870 444 3852 Gratuito Millburn Restaurant (£) Barbican, Moorgate

NATIONAL GALLERY

La National Gallery, che ospita più di 2000 quadri e occupa tutta la parte nord di Trafalgar Square, contiene una delle più belle e complete raccolte di arte occidentale del mondo. La collezione segue un ordine cronologico, cominciando con opere medioevali e rinascimentali, e include *La Vergine delle rocce* di Leonardo da Vinci, *Venere e Marte* di Botticelli, *Il doge Leonardo Loredan* di Giovanni Bellini, *La battaglia di San Romano* di Paolo Uccello, *Il battesimo di Cristo* di Piero della Francesca e *I coniugi Arnolfini* di Van Eyck. Viste le dimensioni del museo, potete pianificare la vostra visita alla Micro Gallery, con l'aiuto del computer.

www.nationalgallery.org.uk

Londra 4d Trafalgar Square 020 7747 2885 Lun-dom 10-18, mer 10-21. Chiuso 1 gen, 24-26 dic Gratuito Caffè (£), Brasserie (££) Charing Cross

NATURAL HISTORY MUSEUM

L'edificio, costruito verso il 1870 nello stile di una cattedrale neogotica, colpisce quanto il museo che ospita. Questo museo, che combina la ricchezza di contenuto con la tecnologia moderna, è molto lontano dall'idea del tradizionale museo di storia naturale. Una visita qui non è completa senza aver visto i dinosauri, e (se non siete impressionabili) la *creepy crawlies exhibition* (con ragni e insetti), prediletta dai bambini.

www.nhm.ac.uk

Londra (fuori cartina verso ovest) Cromwell Road e Exhibition Road 020 7942 5000 Lun-sab 10-17,50, dom 11,50 Gratuito South Kensington

PALAZZO DI WESTMINSTER

Il Parlamento non si è sempre riunito a Londra, ma il primo palazzo di Westminster fu costruito qui nel 1050 circa da Edoardo il Confessore, e ampliato in modo significativo da Guglielmo il Conquistatore. Ci sono due Camere, quella dei Comuni e quella dei Lord. Dovrete probabilmente aspettare per ottenere un posto nella Visitors' Gallery nei giorni di seduta (di solito lunedì, martedì e giovedì pomeriggio per i Commons, e da lunedì a giovedì pomeriggio per Lord), all'ingresso di St. Stephen. L'elemento più famoso dell'edificio è l'orologio, il Big Ben, anche se questo sarebbe in realtà il nome della campana, di 13,7 tonnellate, colata nella Whitechapel Bell Foundry nel 1858, che prende il suo nome da Benjamin Hall, a quel tempo responsabile dei lavori.

www.parliament.uk

Londra 4b St. Margaret Street (entrata pubblica) Camera dei Comuni: 020 7219 4272; Camera dei Lords: 020 7219 3107 Gratuito Westminster

ROYAL BOTANIC GARDENS, KEW

I giardini di Kew, che contengono una grandiosa collezione di piante, alberi e fiori da ogni parte del mondo, devono le loro origini ad Augusta, principessa vedova del Galles, madre di Giorgio III. Nel 1759, trasformò parte delle sue tenute in orto botanico per fini scientifici ed educativi. Nel 1841 però il giardino era in pessime condizioni e fu rilevato dallo Stato. L'anno seguente, Sir William Hooker fu nominato direttore e il giardino cominciò ad acquisire la sua fama, che crebbe fino a diventare internazionale.

www.kew.org

15Q Kew, Richmond 020 8332 5655

Apr-ago lun-ven 9,30-18, sab-dom 9,30-19; set-ott tutti i giorni 9,30-17,30; nov-gen 9,30-15,45, feb-mar 9,30-17 Medio The Orangery (£-££)

Kew Gardens

ST. PAUL'S CATHEDRAL

Quando Sir Christopher Wren completò la cattedrale di St. Paul, nel 1711, questa fu definita la maggiore cattedrale protestante del mondo. I lavori cominciarono dopo che il grande incendio di Londra del 1666 ebbe distrutto la cattedrale precedente. Da allora St. Paul domina il panorama della città, torreggiando anche su edifici più nuovi. All'interno è custodita la tomba di Nelson, opera di Flaxman, e il monumento di Stevens al duca di Wellington, così come la famosa Whispering Gallery, con i suoi effetti acustici. Andate verso la Golden Gallery per una delle vedute più belle sulla città.

Londra 8e St. Paul's Churchyard 020 7236 4128 Lun-sab 8,30-16 Medio The Crypt Café (£), The Refectory Restaurant (£-££) St. Paul's Visite guidate disponibili

SCIENCE MUSEUM

Lo Science Museum è una delle più interessanti collezioni di storia industriale e tecnologica. Offre una bellissima esposizione che illustra lo sviluppo (e il funzionamento) della tecnologia. Ci sono 40 sale con esposizioni: da non

perdere sono il modulo di comando dell'Apollo 10, il 'Razzo' di Stephenson, il prototipo del computer e il primo polmone d'acciaio. Il museo è famoso per i suoi percorsi interattivi (più di 2000) che rendono ogni visita un'esperienza memorabile.

Londra (fuori cartina verso ovest) Exhibition Road, South Kensington 0870 870 4868 Tutti i giorni 10-18 Gratuito; biglietto a pagamento per alcune singole attrazioni Caffè del Museo (£), ristorante (£-££) South Kensington

TATE BRITAIN

La Tate Britain ospita la collezione nazionale di arte britannica dal Cinquecento a oggi, in cui spiccano la donazione Turner e le opere dei preraffaelliti. Fino al 2000 la collezione internazionale di arte moderna si trovava qui ma adesso queste opere sono state trasferite alla Tate Modern, a Bankside (➤ 88).

www.tate.org.uk/britain

Londra 4a Millbank 020 7887 8000; info registrate 020 7887 8008 Tutti i giorni 10-17,50 Gratuito (alcune mostre a pagamento) Pimlico

TATE MODERN

È la collezione britannica di arte moderna internazionale, dal Novecento ai giorni nostri. Vi si trovano opere degli artisti più importanti del XX secolo, tra i quali Picasso, Matisse, Dalí, Rodin,. Gabo e Warhol.

Londra 8d Bankside 020 7887 8888; info registrate 020 7887 8008 Dom-gio 10-18, ven, sab 10-22 Gratuito (alcune mostre a pagamento) Blackfriars, Southwark

TORRE DI LONDRA

➤ 50-51.

TRAFALGAR SQUARE

Trafalgar Square, il cuore di Londra, dal quale vengono misurate tutte la distanze stradali inglesi, fu progettata da John Nash intorno al 1830, e costruita in onore di Lord Nelson in seguito alla sua vittoria nella battaglia di Trafalgar nel 1805. Al centro della piazza sorge la colonna di Nelson, alta 57 m, innalzata tra il 1839 e il 1842.

Vicino si trova la chiesa di **St. Martin-in-the-Fields**, un bellissimo edificio noto per i concerti di musica classica e per il suo gruppo di

assistenza sociale. La cripta ospita una galleria d'arte e ogni giorno, all'esterno della chiesa, è allestito un mercatino di vestiti e artigianato.

Londra 4d

Chiesa di St. Martin-in-the-Fields

Trafalgar Square Biglietti per concerti: 020 7839 8362; informazioni generali: 020 7766 1100 Gratuito Café-in-the-Crypt (£) Charing Cross

VICTORIA AND ALBERT MUSEUM (V&A)

In origine chiamato South Kensington Museum, il Victoria and Albert Museum è dedicato alle arti applicate. Fu fondato per ospitare le opere della Grande esposizione del 1851, ma oggi il museo espone opere d'arte provenienti da tutto il mondo, specialmente dall'Estremo Oriente, ed è sede di una delle maggiori collezioni mondiali di arti decorative. I circa 13 km e i quattro piani di corridoi e stanze rendono indispensabile procurarsi una piantina, per pianificare la visita del museo.

www.vam.ac.uk

Londra (fuori cartina verso ovest) Cromwell Road, South Kensington 020 7942 2000; Tutti i giorni 10-17,45 (mer fino alle 22). Chiuso 24-26 dic Gratuito Café Espresso (£), The New Restaurant (£-££) South Kensington

ABBAZIA DI WESTMINSTER

Risalente al XIII e al XVI secolo, l'abbazia di Westminster fu costruita sulle rovine di un monastero benedettino che Edoardo il Confessore (che regnò dal 1042 al 1066) pensò di ampliare, vicino al palazzo di Westminster (► 85). Nell'abbazia sono avvenute le incoronazioni di tutti i monarchi britannici (eccetto Edoardo V e Edoardo VIII) sin dai tempi di Guglielmo il Conquistatore. Oggi è ancora una chiesa usata per regolari funzioni, e più di 3000 personalità, compresi membri della casa reale, vi sono sepolti o ricordati. I monumenti più belli si trovano al di là del coro, dove si accede pagando un biglietto.

www.westminster-abbey.org

Londra 4b Parliament Square 020 7222 5152 Lun-ven 9,30-15,45 e mer 18-19, Sat 9,30-1,45. Chiuso la domenica. (L'orario può variare) Medio (metà prezzo mer pomeriggio) Solo caffè Westminster, St. James's Park

HOTEL

Athenaeum (£££)

Questo elegante hotel che si affaccia su Green Park resta uno dei più noti e ospitali di Londra. Camere graziose e centro benessere.
✉ 116 Piccadilly ☎ 020 7499 3464 🚇 Green Park

Avonmore Hotel (££)

Di proprietà privata, questo premiato bed-and-breakfast ha solo 9 camere e un'atmosfera accogliente.
✉ 66 Avonmore Road, Kensington ☎ 020 7603 3121 🚇 West Kensington

The Dorchester (£££)

➤ 72.

Foreign Missions Club (£)

Con una percepibile atmosfera religiosa di fondo, offre un ambiente molto accogliente e tranquillo in una fila di case a schiera dove si può dormire a un prezzo eccezionalmente basso.
✉ 20-26 Aberdeen Park, Highbury ☎ 020 7226 2663 🚇 Highbury e Islington (10-minuti a piedi)

London County Hall Travel Inn (££)

Un grande hotel del centro che offre camere comode, spaziose e fornite di tutto; ideale per le famiglie.
✉ Belvedere Road ☎ 0870 238 3300 🚇 Waterloo

Mitre House Hotel (££)

Un hotel di vecchia data a gestione familiare con buone attrezzature, accanto a Hyde Park.
✉ 178-184 Sussex Gardens ☎ 020 7723 8040 🚇 Lancaster Gate

Swiss House Hotel (££)

Hotel con 16 camere, ben posizionato in una deliziosa area residenziale di South Kensington, comodo per raggiungere musei e fare shopping.
✉ 171 Old Brompton Road, South Kensington ☎ 020 7373 2769 🚇 South Kensington, Gloucester Road

Thistle Tower (££)
Ottima posizione accanto alla Torre di Londra; grande e moderno.
✉ St. Katharine's Way ☎ 020 7481 2575 Ⓜ Tower Hill

RISTORANTI

Alastair Little Soho (£££)
Le caratteristiche di questo locale sono l'ambiente, l'arredamento elegante e la moderna cucina europea; prenotate in anticipo.
✉ 49 Frith Street, Soho ☎ 020 7734 5183 ⌚ Lun-ven 12-15, lun-sab 18-23,30 Ⓜ Leicester Square, Tottenham Court Road

Blues Bistro and Bar (£–££)
Un bistrot trendy ma non troppo e un bar con una piccola e accogliente sala da pranzo che serve piatti americani ed europei a prezzi ragionevoli.
✉ 42-43 Dean Street ⌚ Lun-ven pranzo, cena, sab-dom solo cena Ⓜ Piccadilly Circus

Café-in-the-Crypt (£)
Questa tranquilla oasi nel cuore di Londra si trova sotto la chiesa di St. Martin-in-the-Fields al margine di Trafalgar Square. Buone insalate, zuppe, sandwich e piatti leggeri.
✉ Duncannon Street, Trafalgar Square ⌚ Dom-mer 10-20, gio-sab 10-23 Ⓜ Charing Cross, Leicester Square

Chez Gérard at the Opera Terrace (££)
Una veranda di vetro in cima al mercato di Covent Garden, ottimo per bistecche e patatine.
✉ Primo piano, Opera Terrace, Covent Garden Central Market ☎ 020 7379 0666 ⌚ Lun-dom 12-23,30 Ⓜ Covent Garden

Gay Hussar (££)
Il miglior ristorante di cucina dell'est europeo di Londra che serve ottimo cibo ungherese. Il ritrovo preferito da letterati, musicisti e tipi un po' *bohémien*.
✉ 2 Greek Street ☎ 020 7437 0973 ⌚ Pranzo e cena lun-sab Ⓜ Tottenham Court Road

Gordon Ramsay (£££)
Uno dei ristoranti più eleganti di Londra gestito dal suo celebre chef. Cucina eccellente, preparata con stile. È fondamentale la prenotazione, accettata solo entro un mese di anticipo.
68 Royal Hospital Road 020 7352 4441 Lun-ven pranzo, cena Sloane Square

River Café (£££)
Per gli amanti della cucina regionale italiana, il River Café è il migliore del genere, con ingredienti italiani casalinghi.
Thames Wharf Studios, Rainville Road 020 7386 4200 Lun-sab pranzo e cena, dom pranzo Hammersmith

Rock and Sole Plaice (£)
Questo locale di vecchia data è ideale per uno spuntino in tarda serata se vi trovate nella zona di Covent Garden.
47 Endell Street 020 7836 3785 Lun-sab 11,30-23,30, dom fino alle 22 o 23 Covent Garden

Rules (£££)
Il ristorante più vecchio di Londra, aperto nel 1798, annovera clienti come Charles Dickens, Edoardo VII e Lillie Langtry. Serve piatti inglesi di altissima qualità e ha vinto il premio Best British Food Award 2003.
35 Maiden Lane, Covent Garden 020 7836 5314 Tutti i giorni 12-24 Covent Garden

Soho Spice (££)
Probabilmente il miglior ristorante indiano di Soho. Il menu è limitato, ma la qualità è veramente alta.
124-126 Wardour Street 020 7434 0808 Lun-sab 11,30-23,30, dom 12-22 Leicester Square, Tottenham Court Road

SHOPPING

Bond Street
È la strada più esclusiva di Londra per lo shopping, costosa per gli acquisti, ma vale la pena anche soltanto guardare. Predominano

haute couture, antiquariato, case d'asta, gallerie d'arte e gioiellerie.
Green Park, Bond Street

Covent Garden
Deviate verso Neal Street coi i suoi negozi di prodotti tipici o fermatevi nei piccoli negozi sulla piazza in un animato ambiente libero dal brusio del traffico.
Covent Garden

Kensington
Al Kensington Market si possono trovare abiti economici e retrò, mentre arte e antiquariato abbondano nel mercato superiore di Kensington High Street.
High Street Kensington

Kings Road
Luogo di nascita della minigonna e del movimento punk, Kings Road è ancora la strada in cui si può trovare l'ultimissima moda.
Sloane Square

Oxford Street
La strada più frenetica di Londra per lo shopping offre una moltitudine di stili e suoni ed è famosa per le catene commerciali e i grandi magazzini.
Marble Arch, Bond Street, Oxford Circus, Tottenham Court Road

Regent Street
Un bel viale con negozi esclusivi: oro, argento e gioielli da Mappin & Webb e da Garrard & Co; giocattoli da Hamleys; un emporio da Liberty e un enorme negozio Apple con gli ultimi gadget.
Oxford Circus, Piccadilly Circus

DIVERTIMENTI

ARTE E CULTURA
Londra vanta molti spettacoli in scena da tempo, soprattutto nel West End, così come teatri tradizionali che rappresentano Shakespeare e autori contemporanei.

Barbican Centre
Il centro artistico più grande d'Europa è la sede della London Symphony e della English Chamber Orchestra. Ospita anche gallerie d'arte e cinema.
✉ Silk Street, EC2 ☎ 020 7628 2326; www.barbican.org.uk 🚇 Barbican, Moorgate

Royal Opera House
Sede del Royal Ballet della Royal Opera. Vengono proposti concerti gratuiti e vari eventi nell'ora del pranzo nel Linbury Studio Theatre.
✉ Bow Street, Covent Garden ☎ 020 7304 4000; www.royaloperahouse.org 🚇 Covent Garden, Embankment

Sadler's Wells Theatre
Sadler's Wells è il centro della danza inglese contemporanea e ospita anche compagnie in tournée.
✉ Rosebery Avenue ☎ 020 7863 8000; www.sadlerswells.com 🚇 Angel

MUSICA DAL VIVO E COMMEDIE

The 100 Club
Questo club sotterraneo, in origine ritrovo per amanti del jazz, adesso offre soul, funk, swing e musica latina.
✉ 100 Oxford Street ☎ 020 7636 0933 🚇 Oxford Circus

The Jazz Café
Live jazz, soul, musica internazionale e R&B.
✉ 5 Parkway, Camden Town ☎ 020 7916 6060 🚇 Camden Town

Ronnie Scott's
Jazz club di vecchia data che ospita da sempre nomi illustri.
✉ 47 Frith Street ☎ 020 7439 0947 🚇 Leicester Square

Royal Albert Hall
Famosa costruzione a cupola che offre i migliori concerti, anche di musica classica. È sede degli annuali *proms* (*promenade concerts*).
✉ Kensington Gore, Knightsbridge ☎ 020 7589 8212 🚇 South Kensington

Inghilterra del nord

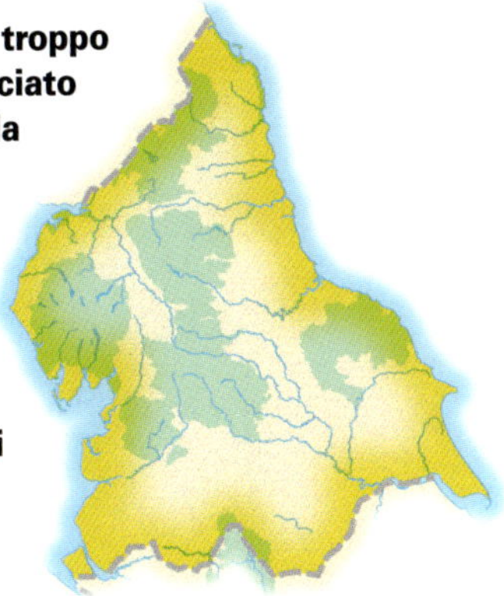

Il nord dell'Inghilterra, per troppo tempo ingiustamente associato all'idea della povertà e della depressione industriale, ha fatto molto per rinnovare la sua immagine. Ma molte delle contee del nord possono vantare da sempre magnifici paesaggi e zone rurali dal fascino senza pari in Inghilterra.

Le bellezze paesaggistiche del Lake District, delle Yorkshire Dales, delle North York Moors e del Northumberland sono ben note da tempo. Forse meno rinomati sono i piccoli villaggi e i borghi delle contee di Lancashire e di Durham, e le tranquille acque interne del delizioso Calderdale. Oggi vivaci, brulicanti e prospere città – come Leeds, Manchester, Liverpool, Sheffield e molte altre – giocano un ruolo fondamentale per il turismo e l'industria del divertimento, permettendo ai visitatori di apprezzare al meglio la loro permanenza nel nord.

CASTELLO DI ALNWICK

Questo affascinente castello, risalente all'XI secolo, divenne proprietà della famiglia Percy nel 1309. Dopo la rivolta contro Enrico IV e la battaglia di Shrewsbury le proprietà furono temporaneamente confiscate. Il duca di Northumberland vive ancora qui, in quello che è il secondo castello abitato più grande d'Inghilterra. Le sale sono arredate con elegante mobilia in stile rinascimentale italiano.

www.alnwickcastle.com

3L ☎ 01665 511100 Apr-nov tutti i giorni 10-18 Medio Castle tea room (£)

BERWICK-UPON-TWEED

La città più settentrionale d'Inghilterra passò di mano per ben 14 volte durante il turbolento periodo in cui gli inglesi e gli scozzesi combatterono per il controllo delle zone di confine. Le fortificazioni cittadine del XVI secolo formano la base delle spesse mura elisabettiane che circondano la città, completate dopo ben 11 anni di lavoro. La città ha tre ponti importanti: il Royal Border Railway Bridge, costruito da Robert Stephenson intorno al 1840 nello stile di un acquedotto romano, contrasta con il modesto arco di 15 m del Berwick Bridge, completato nel 1624, e con il più modesto ponte di cemento Royal Tweed Bridge, realizzato negli anni '20. Nel centro della città la vecchia prigione ospita il **Cell Block Museum**, che descrive storie di crimine e di carcere.

3M · 106 Marygate · 01289 330733

Cell Block Museum

Guildhall, Marygate · 01289 330900 · Pasqua-set lun-ven · Economico

CARLISLE

Carlisle è una città di confine, con un grande mercato pedonale al suo centro. Il nome deriva dalla parola celtica *caer* (forte militare). I nomi e gli accenti scozzesi e inglesi si mescolano ancora nel mercato al coperto e nei centri commerciali, anche se poco oggi lascia intuire il passato turbolento che la città ha dovuto superare: l'ultimo assedio subito, da parte dell'esercito di Bonnie Prince Charlie, fu nel 1745. I monumenti più importanti sono il castello, la cattedrale, costruita in pietra arenaria rossa, e il **Tullie House Museum and Art Gallery**, che ricostruisce in modo interessante il burrascoso passato della città, dall'origine come insediamento romano al suo passato ruolo di città di frontiera. Carlisle è anche la stazione di capolinea della panoramica ferrovia Settle-Carlisle.

www.historic-carlisle.org.uk

2K · Old Town Hall · 01228 625600;

Tullie House Museum and Art Gallery

Castle Street · 01228 534781; www.tulliehouse.co.uk · Nov-mar lun-sab 10-16 dom 12-16; apr-giu, set-ott lun-sab 10-17, dom 12-17; lug-ago lun-sab 10-1, dom 11-17 · Medio · The Garden Restaurant (£-££)

CASTLE HOWARD

Castle Howard, risalente al XVIII secolo, vicino a Malton a nord-est di York, è uno dei piu bei castelli d'Inghilterra. Le ricche sale ospitano una collezione di pitture, sculture e porcellane. All'esterno l'edificio è circondato da giardini e da una grande tenuta.

www.castlehoward.co.uk

4H 01653 648444 Casa: mar-nov tutti i giorni 11-16. Giardino e negozi: tutti i giorni 10-16 Medio Caffè (£-££)

EDEN VALLEY

Il fiume Eden scorre dalle Pennine Fells attraverso i paesi di Kirkby Stephen e Appleby-in-Westmorland, prima di dirigersi verso il Solway Firth. Appleby è una bella cittadina con la chiesa di St. Lawrence, edifici di arenaria nella via principale e, in alto, **Appleby Castle**.

2J

Appleby Castle

Per gli orari di apertura contattare l'ufficio informazioni turistiche Appleby-in-Westmorland: 01768 351177 Medio The Castle Tea Shoppe (£)

FOUNTAINS ABBEY

Nel 1132, tredici monaci, contrari alla rilassatezza dei loro confratelli, si stabilirono a Fountains per condurre una vita semplice e austera. Quando Enrico VIII soppresse i monasteri, nel XVI secolo, i monaci abbandonarono quella che era la più grande abbazia cistercense della Gran Bretagna. L'edificio, troppo lontano per essere trasformato in residenza di campagna o per riutilizzarne il materiale da costruzione, ancora rimane, sebbene in rovina, evocando lo spirito della comunità religiosa che lo abitò per 400 anni. Il vicino giardino di Studley Royal Water Garden, insieme all'abbazia, è considerato Patrimonio mondiale dell'Umanità.

www.fountainsabbey.org.uk

3H Studley Park, Fountains, Ripon 01765 608888 Nov-feb tutti i giorni 10-16; mar-ott tutti i giorni 10-17. Chiuso ven nov-feb Medio Ristorante (£-££)

VALLO DI ADRIANO

➤ 42-43.

HAWKSHEAD

Prima del XIX secolo Hawkshead non era raggiunta da vere strade e le viuzze del centro del paese sono ancora inaccessibili alle auto. Il poeta Wordsworth frequentò qui la scuola di grammatica, oggi divenuta museo e biblioteca. Il marito di Beatrix Potter (la scrittrice per bambini), William Heelis, era un avvocato del luogo, e il suo ufficio oggi è sede della **Beatrix Potter Gallery**, che racconta la vita della scrittrice e contiene disegni originali per i suoi libri.

1J Market Cross, Ambleside 01539 432582

Beatrix Potter Gallery

Main Street, Hawkshead 01539 436355 Telefonare per i dettagli, l'orario può variare Economico Molti in paese (£-££)

HAWORTH

All'estremità delle Pennine Moors, Haworth, è un tempio della letteratura quasi quanto Stratford-upon-Avon. Questa interessante cittadina, vivace e rinomata per le sue strade acciottolate, è infatti famosa perché vi abitarono, dal 1820, le sorelle Brontë (Charlotte, Emily e Anne). Le Brontë erano molto legate e la loro casa, oggi il **Brontë Parsonage Museum**, fu il nucleo del loro mondo fin da piccole. Il museo espone i mobili e gli oggetti appartenuti alle sorelle ed è il punto di partenza di un sentiero, da percorrere a piedi, intitolato alle scrittrici.

www.visithaworth.com

3G 2-4 West Lane 01535 642329

Brontë Parsonage Museum

Church Street 01535 642323 Apr-ott tutti i giorni 10-17,30, ott-mar tutti i giorni 11-17 Medio Caffè in paese (£-££)

HEBDEN BRIDGE

Sebbene Hebden Bridge risalga all'epoca medioevale, quando nacque all'incrocio di strade commerciali e nel punto di attraversamento del fiume, fu soltanto nel XVIII secolo, con lo sviluppo dell'industria tessile, che la città cominciò ad espandersi. Infatti l'affluenza di lavoratori creò la necessità di costruire case sui ripidi pendii della valle: nacquero così i caratteristici alloggi su due piani della cittadina. Oggi alcuni dei vecchi opifici sono stati trasformati in musei, gallerie artigiane e negozi. Tutto intorno si estende l'affascinante paesaggio del Calderdale, nel cuore dei Pennini meridionali, dominato

dalla torre sullo Stoodley Pike.
3G New Road 01422 843831 Pasqua-ott tutti i giorni lun-ven 9,30-17,30, sab 10,15-17, dom 10,30-17; nov-Pasqua lun-ven 10-17, sab-dom 10,30-16,15

HOLY ISLAND

Fu su Holy Island, in passato conosciuta come Lindisfarne, che san Aidan di Iona fondò un monastero nel VII secolo, la **Lindisfarne Priory**, tra i luoghi più sacri dell'Inghilterra anglosassone. Questa piccola isola è accessibile solo da una strada rialzata da Beal, e solo quando la marea lo permette. San Cuthbert visse e morì sull'isola, che divenne luogo di pellegrinaggio. Il castello di Lindisfarne fu costruito nel XVI secolo per difendere il porto dalle scorrerie degli scozzesi e il suo **museo** contiene una collezione di pietre con iscrizioni: tutto ciò che rimane del primo monastero.
3M

Lindisfarne Priory and Museum
01289 389200 Apr-set tutti i giorni 9,30-17; ott 9,30-16; nov-gen 10-14; feb-mar 9,30-16. Chiuso 24-26 dic, 1 gen Medio Caffè e ristoranti in paese (£)

KENDAL

Le costruzioni in pietra calcarea grigia di questa vivace cittadina nascondono un labirinto di cortili e di *ginnels* (stretti passaggi) deliziosi da esplorare: in uno si trova una fila di interessanti ospizi di carità, ancora in uso. Sopra il paese sorgono le rovine del castello di Kendal, casa natale di Katherine Parr (1512-48), l'ultima moglie di Enrico VIII. L'**Abbot Hall Art Gallery**, vicino alla chiesa, espone opere di Ruskin, Constable e Turner. Il Museum of Lakeland Life (nell'edificio vicino) conserva un'esposizione sulla storia locale, abiti e strumenti di uso quotidiano dell'età vittoriana.

www.lakelandgateway.info

2J Town Hall, Highgate 01539 725758; Lun-sab 9-17, dom 10-16

Abbott Hall Art Gallery

01539 722464; www.abbothall.org.uk Apr-ott tutti i giorni 10,30-17; nov-mar tutti i giorni 10,30-16 Chiuso dom, 25 dic-primi di feb Medio The Coffee Shop (£)

LAKE DISTRICT

➤ 44-45.

LANCASTER

Questa città era un tempo un fiorente porto che più che per il mogano, tabacco, rum e zucchero, era importante per il commercio di schiavi. Molto dell'aspetto di Lancaster deriva dai palazzi georgiani risalenti a questo triste periodo. Il **castello di Lancaster**, costruito intorno nel XIII secolo e rinforzato nel XV

secolo, domina la città ed è ancora usato come tribunale e prigione, ma alcune sezioni sono aperte al pubblico, come le celle in cui furono imprigionate le streghe di Pendle (impiccate per stregoneria nel 1612). La zona per lo shopping è ricca di edifici storici.

2H 29 Castle Hill 01524 32878 Apr-nov lun-sab 10-17; nov-apr lun-sab 10-16

Lancaster Castle

The Shire Hall 01524 64998; www.lancastercastle.com Metà mar-metà dic l'orario può variare Economico Folly Café, Castle Hill (£) Visite guidate nei weekend ogni 30 minuti 10,30-16

LEEDS

Leeds, l'insediamento urbano più grande dello Yorkshire e sua capitale economica, deve il suo sviluppo, nel XIX secolo, all'industria della lana e alla sua posizione portuale nei canali di Leeds e Liverpool, e di Aire e Calder. L'area intorno ai canali offre vivaci bar all'aperto e negozi specializzati affacciati proprio sull'acqua, proprio lungo le rive dei canali. In seguito a un processo di ammodernamento su larga scala, Leeds è diventata una destinazione di rilievo per la vita notturna nonché un centro culturale importante, sede dell'Opera North. Anche lo shopping è oggi un'attrattiva importante di Leeds: basta guardare le vetrine dei grandi magazzini Harvey Nichols.

www.leeds.gov.uk

3G The Arcade, Stazione ferroviaria cittadina 0113 242 5242 Mar-sab 9-17,30, lun 10-17,30, dom 10-16

LEVENS HALL E GIARDINO ORNAMENTALE

Questa magnifica dimora elisabettiana, costruita intorno a una torre del XIII secolo, è la residenza della famiglia Bagots. Vi sono esposte collezioni di mobili dell'epoca di Giacomo I, dipinti e antichi patchwork inglesi. I bellissimi giardini ornamentali furono impiantati nel 1694 e sono caratterizzati da alberi di tasso potati a forma di piramidi, pavoni e cappelli.

www.levenshall.co.uk

2H 01539 560321 Casa: 12-16,30. Giardini: 10-16,30 Medio
Tea room (£-££)

LIVERPOOL

La città che ha visto nascere i Beatles è rinomata per il suo humour pungente, per un notevole spirito di comunità e una lealtà estrema alla sua squadra di calcio. Liverpool assunse un ruolo di rilievo per il commercio con le Americhe, importando zucchero, spezie, tabacco e schiavi. Il suo lungomare oggi è meta turistica, soprattutto l'Albert Dock, l'area portuale sorta alla metà dell'Ottocento. I suoi magazzini in mattoni e ghisa, dopo un periodo di decadenza, sono stati riconvertiti in un complesso di negozi, studi televisivi e ristoranti alla moda. Da vedere la Tate Gallery, che ospita una collezione di arte contemporanea, e la **Walker Art Gallery**, con la collezione di antichi maestri europei, preraffaelliti e opere moderne britanniche.

www.visitliverpool.com

1F Atlantic Pavilion, Albert Dock 0906 680 6886; Tutti i giorni 9-17,30

Walker Art Gallery

William Brown Street 0151 478 4199; www.thewalker.org.uk Tutti i giorni 10-17. Chiuso 1 gen, 23-26 dic Medio The Walker Coffee Shop (£)

MANCHESTER

Manchester, un tempo il maggiore centro di filatura del cotone al mondo, con i suoi palazzi vittoriani, le opportunità di shopping, i ristoranti e la briosa vita notturna, è forse uno dei luoghi più *trendy* dell'Inghilterra. La città si è sottoposta a un riassetto urbano che non ha pari in Gran Bretagna, trainato dal successo straordinario della sua squadra di calcio, il Manchester United. La zona conosciuta come Castlefield, sede di un forte romano, oggi è il punto focale dell'industria del turismo di Manchester. Molti dei magazzini vittoriani circostanti sono stati trasformati in appartamenti, hotel e attrazioni turistiche. L'**Urbis** è un museo avveniristico, posto in un palazzo di vetro, con mostre interattive sulla vita nelle città di tutto il mondo.

www.visitmanchester.com

2F Town Hall Extension, Lloyd Street 0871 222 8223 Lun-sab 10-17,30, dom 10,30-16,30

Urbis

Cathedral Gardens 0161 605 8200; www.urbis.org.uk Dom-mer 10-18, gio-sab 10-20 Medio Conservatory Café (£-££)

NATIONAL COAL MINING MUSEUM

Questo museo offre visite guidate nel sottosuolo per mostrare ai visitatori metodi e condizioni dell'estrazione mineraria dai primi dell'Ottocento.

www.ncm.org.uk

3G Caphouse Colliery, New Road, Overton, Wakefield 01924 848806 Tutti i giorni 10–17 Medio

NEWCASTLE UPONTYNE

La città, capoluogo del nord-est dell'Inghilterra, risale ai tempi di Guglielmo I (il Conquistatore, che regnò dal 1066 al 1087), ma la sua ricchezza crebbe in seguito al monopolio sull'esportazione del carbone, iniziato in tempi elisabettiani. Newcastle è però sopravvissuta al declino delle sue industrie tradizionali, che oltre all'estrazione del carbone consistevano nelle costruzioni navali. La parte più antica è Quayside, oggi quartiere alla moda, con ristoranti, pub e negozi d'antiquariato. La città è anche ricca di gallerie e teatri, come la **Laing Gallery** (arte del XIX secolo).

www.visitnewcastlegatehead.com

3K 132 Grainger Street and Guildhall, Quayside Lun-ven 9,30-17,30, sab 9-17,30 0191 277 8000

Laing Gallery

New Bridge Street 0191 232 7734 Lun-sab 10-16,50, dom 14-16,50; www.twmuseums.org.uk Gratuito The Café Laing (£-££)

NORTH OF ENGLAND OPEN AIR MUSEUM, BEAMISH

A Beamish sono stati ricostruiti palazzi provenienti da tutta la regione. Il museo illustra la vita del nord-est dell'Inghilterra nei primi anni dell'Ottocento e del Novecento, con la ricostruzione di un villaggio di minatori di carbone, di un maniero del XIX secolo e di una tipica cittadina del Nord.

www.beamish.org.uk

3K Beamish, Co Durham 0191 370 4000; Apr-ott tutti i giorni 10-17; nov-mar sab-dom, mart-gio 10-16 Costoso Tea room (£-££)

TOWN
NUT BROWN
For that Nutty Flavour
BATEY'S
JOHN BULL'S
FAVOURITE
Fry's
CHOCOLATES
HUDSONS
MOTOR SERVICE
Daimler

RICHMOND

Questo paesino è una perla, un grandioso museo all'aria aperta, dominato da un castello costruito dal primo conte di Richmond, Alan Rufus. Richmond, raccolta intorno a una grande piazza del mercato lastricata, dalla quale si irradiano dei *wynds* (stretti vicoli), vanta numerosi palazzi dell'epoca georgiana, ma l'edificio più originale è la chiesa sconsacrata della Holy Trinity, ora sede del museo militare di Green Howards.

www.yorkshiredales.org

3J Friary Gardens, Victoria Road

01748 850252; Pasqua-ott tutti i giorni 9,30-17; nov-mar lun-sab 9,30-16,30

Numerosi nel paese (£-£££)

SALTAIRE

Questo paese sul fiume Aire fu costruito tra il 1852 e il 1872 da Sir Titus Salt ispirandosi allo stile del Rinascimento italiano, ed è un esempio ben conservato della sua utopia industriale. Il nucleo originario, oggi circondato da uno sviluppo urbanistico incontrollato, fu fondato in campagna, per permettere agli operai delle fabbriche di godere i benefici dell'aria pura. Intorno alla fabbrica, più grande della cattedrale di Saint Paul a Londra (un tempo la più grande del mondo) sorse un piccolo agglomerato di scuole, ospedali, case, parchi, bagni e lavatoi. La **1853 Gallery** espone la più grande collezione al mondo di opere dell'artista di Bradford, David Hockney.

3G 2 Victoria Road 01274 774993 Tutti i giorni 10-18

1853 Gallery

Salts Mill, Victoria Road 01274 531163; www.saltsmill.org.uk Lun-ven 10-17,30, sab-dom 10-18. Chiuso 25-26 dic Gratuito

SHEFFIELD

Fino al 1997, Sheffield era lontanissima dall'essere una meta turistica. Grazie al successo internazionale del film *Full Monty*, la storia, ambientata a Sheffield, di un gruppo di disoccupati di un'acciaieria che si improvvisano spogliarellisti, improvvisamente la città venne messa sotto i riflettori.

Il **Kelham Island Museum**, circa un miglio a nord dal centro, racconta la storia di Sheffield, la sua industria e la sua vita, e ospita il più grande motore a vapore ancora funzionante di tutta la Gran Bretagna. Laboratori, coltellinai all'opera e artigiani mettono in mostra le loro competenze tradizionali del Made in Sheffield. Per i bambini un laboratorio interattivo insegna come si fa l'acciaio, e ci sono anche mostre interattive sull'energia. Gli spostamenti a Sheffield sono molto facili, usando il nuovo servizio di Supertram, che passa per il centro.

www.sheffieldcity.co.uk
3F 1 Tudor Square
Lun-dom 8-18 0114 221 1900;

Kelham Island Museum
Alma Street, Sheffield
0114 272 2106;
www.simt.co.uk Lun-gio 10-16, dom 11-16,45. Chiuso ven-sab Medio
Caffè (£)

SIZERGH CASTLE

Sizergh Castle, residenza storica della famiglia Strickland da più di 760 anni, sorge vicino a Kendal ed è costruita intorno ad una torre del XIV secolo, che fu ampliata in periodo elisabettiano. Il castello è circondato da deliziosi giardini e conserva bei mobili in quercia e mensole di camino scolpite in legno.

2H 015395 60070 Castello: Pasqua-ott dom-gio 13-16,30. Giardini 12,30-17,30 Medio Tea room (£)

SKIPTON

La cittadina di Skipton sorge al confine sud del Parco nazionale delle Yorkshire Dales (► 54-55), ed è pertanto conosciuta nel luogo come 'la porta dei Dales'. La sua storia risale al VII secolo, quando era nota come *Sceptone*, o *Sheeptown*. È dominata dal **castello di Skipton**, alla sommità della strada principale, che fu ricostruito nel XIV secolo e rimodellato da lady Anne Clifford nel XVII secolo. È possibile fare delle gite sul canale

Leeds–Liverpool, che passa attraverso Skipton, buona base di partenza per esplorare il sud delle Dales.
www.skiptononline.co.uk
3G 35 Coach Street 01756 792809 Lun-sab 10-17 (10-16 in inverno), dom 11-15 (chiuso in inverno)

Skipton Castle
01756 792442; www.skiptoncastle.co.uk Mar-ott lun-sab 10-18, dom 12-18; ott-feb lun-sab 10-16, dom 12-16 Medio Tea room (£)

WHITBY

Con le affascinanti rovine dell'abbazia del XIII secolo, il porto di pescatori e l'atmosfera tranquilla, Whitby è un luogo piacevole da visitare. La città è inoltre collegata alla memoria del capitano Cook: tutte le sue imbarcazioni infatti furono costruite qui, e la casa di John Walker, presso la quale Cook fece l'apprendistato, è stata trasformata nel **Captain Cook Memorial Museum**. L'abbazia si trova vicino alla St. Mary's Church, in cima alla scogliera sopra la zona est della città. La chiesa si raggiunge salendo i 199 scalini delle Church Stairs, che compaiono nel *Dracula* di Bram Stoker. Attraverso la città è possibile seguire un *percorso di Dracula*.
www.discoveryorkshirecoast.com
5J Langbourne Road 01723 383636 Mag-set tutti i giorni 9,30-18; ott-apr 9,30-16,30

Captain Cook Memorial Museum
Grape Lane 01947 601900 Mar-nov tutti i giorni 9,45-17 Medio

YORK

➤ 52-53.

YORKSHIRE DALES

➤ 54-55.

HOTEL

Haleys Hotel and Restaurant (££)
Elegante residenza cittadina in stile vittoriano a poca distanza dal centro di Leeds. Vanta uno dei migliori ristoranti di Leeds.
✉ Shire Oak Road, Headingley, Leeds ☎ 0113 278 4446

Le Meridien Victoria and Albert (££-£££)
➤ 73.

Le Meridien York (££-£££)
➤ 73.

Miller Howe (££)
È una parte fondamentale del panorama di Lakeland, con una fama internazionale. Molte camere hanno un balcone privato che si affaccia sul lago Windermere. La cena è un'esperienza unica.
✉ Rayrigg Road, Windermere, Cumbria ☎ 015394 42536

The Royal (££)
Un edificio storico georgiano situato a Waterloo. L'hotel si affaccia sulla baia di Liverpool e ha camere complete di tutti i comfort.
✉ Marine Terrace, Waterloo, Liverpool ☎ 0151 928 2332

Shap Wells Hotel (££)
Il più grande hotel a conduzione familiare della Cumbria, situato in un appartato terreno boscoso a metà strada tra Kendal e Penrith e a soli 5 minuti dal raccordo 39 sulla M6. Ideale per chi vuole esplorare il Lake District e le Yorkshire Dales.
✉ Shap, Penrith, Cumbria ☎ 01931 716628

Simonstone Hall Country House Hotel (££)
Con una deliziosa veduta sulla campagna del Wensleydale, questo hotel ha una posizione comoda per esplorare le Yorkshire Dales. Ha un'atmosfera accogliente e camere graziose.
✉ Simonstone, Hawes, North Yorkshire ☎ 01969 667255

Vermont Hotel (££-£££)
Accogliente ed elegante hotel vicino al castello e comodamente situato nel cuore della vivace zona della banchina.
✉ Castle Garth, Newcastle upon Tyne ☎ 0191 233 1010

RISTORANTI

Anthony's (££-£££)
➤ 58.

Gianfranco (£-££)
Un ristorante italiano di vecchia data, con interessanti menu per pranzo e l'*happy hour.*
✉ 6-10 Leazes Park Road, Newcastle upon Tyne ☎ 0191 222 0659
🕐 Tutti i giorni pranzo, cena

The Glass House (£-££)
➤ 58.

The Inn at Whitewell (££)
Famosissimo, con una splendida ubicazione nella foresta di Bowland, è circondato da ondulate colline boscose.
✉ Whitewell, foresta di Bowland, Lancashire ☎ 01200 448222
🕐 Tutti i giorni 12-14, 19,30-21

Sharrow Bay (£££)
Tra i migliori locali in cui mangiare nel Lake District. Se potete alloggiate nell'albergo, e lasciatevi avvolgere dalla sua atmosfera.
✉ Sharrow Bay, Howtown, Cumbria ☎ 017684 86301 🕐 Tutti i giorni pranzo (dalle 12,30), cena (dalle 19,30); chiuso dic-fine feb

Simply Heathcote's (£££)
Elegante e sofisticato locale minimalista che serve cucina inglese moderna.
✉ Beetham Plaza, 25 The Strand, Liverpool ☎ 0151 236 3536 🕐 Lun-ven 12-14,30, 18-22; sab 12-14,30, 18-23; dom 12-21

St. William's College Restaurant (££)
La cena a lume di candela e jazz e l'ubicazione in un palazzo storico dietro la cattedrale, lo rendono uno dei locali più apprezzati di York.
✉ 5 College Street, York ☎ 01904 634830 ⊙ Lun-sab 10-17, 18-21, dom solo pranzo

Village Bakery (£)
Apprezzata panetteria biologica e bar posta in un ex granaio, ai piedi dei Pennini. Le colazioni sono abbondanti.
✉ Melmerby, vicino a Penrith, Cumbria ☎ 01768 881515 ⊙ Lun-sab 8,30-17, Sun 9,30-17. Controllare l'orario invernale

DIVERTIMENTI

Bridgewater Hall
Recital della Hallé Orchestra e della Filarmonica della BBC, oltre a spettacoli fuori programma.
✉ Lower Mosley Street, Manchester ☎ 0161 907 9000

Everyman Theatre
Da Shakespeare a commedie brillanti.
✉ 1 Hope Street, Liverpool ☎ 0151 709 4776

Grand Theatre and Opera House
Esibizioni della Opera North e grande varietà di produzioni teatrali.
✉ Briggate, Leeds ☎ 0113 222 6222

Northern Stage
Teatro moderno e spettacoli della Northern Stage Company.
✉ Barras Bridge, Newcastle ☎ 0191 230 5151

Philharmonic Hall
Concerti della rinomata Royal Liverpool Philharmonic Orchestra.
✉ Hope Street, Liverpool ☎ 0151 709 3789

Royal Northern College of Music
Concerti di jazz moderno di qualità.
✉ 124 Oxford Road, Manchester ☎ 0161 907 5200

Inghilterra centrale

Il 'cuore dell'Inghilterra' è facile da raggiungere e da visitare. Attraverso la regione, che si estende dal Derbyshire nel nord, al Worcestershire e al Warwickshire nel sud, troverete una grande quantità di dimore storiche, castelli e palazzi monumentali, la cui architettura e i cui antichi tesori sono comparabili solo allo splendido paesaggio in mezzo al quale si trovano.

Troverete incredibili opportunità di praticare sport, o di assistervi, di gustare una grande varietà di piatti e di godere la vita delle animate città della regione, come Derby, Nottingham, Leicester, Coventry e Birmingham. L'Inghilterra centrale è relativamente poco frequentata dai turisti, perciò è forse qui che avrete la migliore opportunità di assaporare la vera Inghilterra... probabilmente dal gusto di tè!

BIRMINGHAM

Birmingham non gode di gran fama presso i turisti, ma una volta fuori dalla stazione di New Street, da quella degli autobus di Digbeth o dalle caotiche circonvallazioni, troverete una città vitale, specialmente nella banchina a Brindley Place, costruita intorno alla vecchia rete di canali. La 'città dalle 1001 industrie' fu il terreno di prova dei fondatori della rivoluzione industriale: i pionieri del vapore James Watt e Matthew Bolton, l'inventore della luce a gas William Murdock ed il chimico John Priestley. Oggi il centro della città sta vivendo una profonda trasformazione e le memorie storiche di Birmingham si possono trovare soprattutto negli eccellenti musei e gallerie, tra i quali il **National Sea Life Centre** e il **Birmingham Museum and Art Gallery**, nella Chamberlain Square: entrambi meritano una visita.

Birmingham, seconda città dell'Inghilterra, è oggi un importantissimo centro per la produzione di oreficeria e il Jewellery Quarter è un luogo che vale la pena visitare. Ci potete arrivare a piedi dal centro, in circa un quarto d'ora, o prendere il treno da Moor Street.

www.beinbirmingham.com

2D 130 Colmore Row, Victoria Square 0121 202 5099 Tutti i giorni 9,15-17,30

National Sea Life Centre

Brindley Place 0121 643 6777 Lun-ven 10-16, sab-dom 10-17 Costoso

Birmingham Museum and Art Gallery

Chamberlain Square 0121 303 2834; www.bmag.org.uk Lun-gio, sab 10-17, ven 10,30-17, dom 12,30-17 Gratuito

BLENHEIM PALACE

L'imponente palazzo di Blenheim, del XVIII secolo, è la residenza di famiglia del duca di Marlborough e fu progettato da Sir John Vanbrugh. Alcune stanze sono dedicate a Sir Winston Churchill, primo ministro durante la Seconda guerra mondiale, nato qui e sepolto nella vicina chiesa di Bladon. Il vicino villaggio di Woodstock è legato ai regnanti fino dai tempi dei sassoni, quando l'area veniva usata come terreno di caccia.

www.blenheimpalace.com

13R · Woodstock, Oxfordshire · 0870 060 2080 · Feb-ott tutti i giorni 9:00 o 10,30-17; nov-dic mer-dom 9 o 10,30-17 · Costoso

BRIDGNORTH

Bridgnorth, sul fiume Severn, fu un tempo un importante porto. La vecchia città fortificata (High Town) è costruita su una scarpata di arenaria ed è collegata alla Low Town dalla più antica e ripida funicolare dell'entroterra inglese. Da vedere l'antico municipio con le sue splendide vetrate. La stazione oggi è il termine settentrionale della Severn Valley Railway, la più lunga linea ferroviaria a scartamento normale su cui viaggiano treni a vapore.

www.bridegnorthshropshire.com

2D · Listley Street (nella biblioteca) · 01746 763257 · Lun-mer, ven-sab 9,30-17

BUXTON

A Buxton (chiamata *Aquae Arnemetiae* dai Romani), si respira un'atmosfera quieta e rilassata. La sorgente naturale, da cui deriva la popolarità che la città ebbe a partire dal XVIII secolo, sgorga tuttora nei Natural Mineral Baths: si può ancora attingere l'acqua dal pozzo di Sant'Anna, accanto alla Pump Room, dove oggi ha sede una galleria d'arte. Il quinto duca del Devonshire accarezzò il grande proposito di portare Buxton a competere con Bath e Cheltenham come stazione termale, senza però riuscirci del tutto: a questo scopo furono quindi costruiti alcuni signorili edifici, fra i quali The Crescent, modellato sul Royal Crescent di Bath. Interessante, per le sue stalattiti e stalagmiti, è la **Poole's Cavern**, mentre poco lontano da lì si trova una curiosa torre del XIX secolo, il tempio di Salomone, che offre una bella veduta sulla città.

www.visitbuxton.co.uk 3F The Crescent 01298 25106 Mar-ott tutti i giorni 9,30-17; nov-feb 10-16

Poole's Cavern

Buxton Country Park 01298 26978; www.poolescavern.co.uk Mar-ott tutti i giorni 10-17 Medio Negozi che vendono caffè e tè

CASTLETON

Dominato dalle imponenti rovine del castello di Peveril, il villaggio di Castleton è noto tra gli escursionisti che amano percorrere questa parte del Peak District e tra coloro che visitano il mondo sotterraneo delle sue caverne: The Peak, Treak Cliff, Speedwell e Blue John. Il **castello di Peveril**, dal cui nome deriva quello della città, si trova in alto sopra Cave Dale e guarda, dall'altra parte della valle, su un forte dell'età del ferro che sorge sull'imponente, ma franoso, Mam Tor.

3F Castle Street 01433 620679 Mar-nov tutti i giorni 9,30-17,30; dic-feb tutti i giorni 10-17

Peveril Castle

Market Place 01433 620613 Economico

Apr tutti i giorni 10-17; mag-ago tutti i giorni 10-18; set-nov tutti i giorni 10-17; dic-mar gio-lun 10-16

CHATSWORTH HOUSE

Abitazione dei duchi del Devonshire da oltre 400 anni, Chatsworth è fra i palazzi più belli d'Inghilterra e possiede una delle più ricche collezioni private di arte visiva e decorativa, con opere di Tintoretto e Rembrandt. I giardini formali, seppure molto grandi, sembrano piccoli se paragonati all'enorme parco che circonda il palazzo, progettato da Capability Brown.

www.chatsworthhouse.org

3F Bakewell 01246 582204 Fine mar-metà dic, tutti i giorni 11-17,30 Costoso Carriage House Restaurant (£-££) e caffè

CHESTER

Chester è circondata da mura medioevali e romane (possibilità di effettuare una visita guidata), che racchiudono un cuore di edifici Tudor e vittoriani che include anche le *rows*, le tipiche abitazioni porticate. I Romani costruirono qui la loro più grande fortezza in Gran Bretagna, ma fu molto più tardi, quando si aprirono le rotte commerciali con l'Irlanda, che la prosperità della città crebbe. La cattedrale fu costruita tra il 1250 e il 1540: anche se fu rimaneggiata in epoca vittoriana, merita comunque una visita. Questa città è una base ideale per esplorare i dintorni: oltre le mura potete navigare sul fiume Dee, noleggiare una barca a remi, o visitare, un po' più lontano, il **Chester Zoo**, sulla A41, 5 km a nord della città, il più grande d'Inghilterra.

1F Town Hall, Northgate Street and Vicars Lane 01244 402111 Apr-ott lun-ven 9,30-17,30, sab 9,30-17,30, dom 10-16; ott-mar lun 9,30-17, dom 10,30-15,30

Chester Zoo

01244 380280; www.chesterzoo.org Tutti i giorni dalle 10; l'orario di chiusura può variare durante l'anno Costoso Oasis Café e Oakfield Restaurant (£-££)

HADDON HALL

Haddon Hall è un maniero Tudor dalle origini normanne e sassoni, utilizzato come set per molti film. Durante il XVIII ed il XIX secolo l'edificio fu abbandonato e lasciato in rovina: ciò si rivelò una fortuna, perché gli permise di salvarsi dai 'miglioramenti' georgiani e vittoriani. La maggior parte dell'edificio odierno risale al XIV e al XV secolo.

www.haddonhall.co.uk

3F Bakewell, Derbyshire 01629 812855

Apr-ott sab-lun 12-17; mag-set tutti i giorni 12-17

Expensive Ristoranti (£-££)

HEREFORD

Hereford sorge nel cuore di una bellissima campagna ed è dominata dalla cattedrale normanna, dell'XI secolo. Contiene una delle *chained library* (biblioteca i cui libri sono legati a catena agli scaffali) più grandi del mondo, con libri e manoscritti dall'VIII al XV secolo e la *Mappa Mundi*, una mappa su pergamena del 1289, che raffigura il mondo con al suo centro Gerusalemme.

1C

Cathedral

01432 374200 Mostra Mappa Mundi: lun-sab 10-16,30, dom 11-16:00 Cattedrale: gratuito. Mostre: medio Cloisters Café

IRONBRIDGE GORGE

Ironbridge Gorge, che oggi gode dello status di Patrimonio mondiale dell'Umanità, prende il nome dal suo famoso ponte di ferro, il primo di questo tipo al mondo (eretto nel 1779). In città sorgono ben **dieci musei** sull'archeologia industriale, che richiedono almeno un paio di giorni per essere visitati: illustrano il lavoro pionieristico di Abraham Darby nell'uso industrale del ferro e la vita quotidiane dell'epoca dell'industrializzazione. I musei migliori sono il Museum of the Gorge, il Coalbrookdale Museum of Iron, il Coalport China Museum e il Jackfield Tile Museum, che ospita una collezione unica di piastrelle vittoriane. Si può acquistare un 'passport ticket' per visitare tutti i musei a prezzo ridotto.

www.ironbridge.org.uk

2D Ironbridge 01952 433522/884391 Tutti i giorni 10-17

Ironbridge Gorge Museums

01952 433522 Tutti i giorni 10-17. Alcuni musei sono chiusi nov-mar, tutti chiusi 1 gen, 24-25 dic Medio-costoso

CASTELLO DI KENILWORTH

Kenilworth, che lo scrittore Sir Walter Scott descrisse in un suo romanzo, oggi è in pratica la zona residenziale di Coventry, ma il castello, dal quale egli trasse ispirazione, è ancora notevole. Iniziato nel XII secolo, cadde nelle mani di John di Gaunt, che lo trasformò in una magnifica dimora fortificata. Suo figlio, Enrico IV, lo destinò a residenza reale, e tale rimase fino a quando Elisabetta I lo donò al suo consigliere favorito Robert Dudley, duca di Northumberland. Oggi in rovina, i resti di pietra arenaria rossa sono ancora grandi e imponenti.

3D 01926 852078 Apr-set tutti i giorni 10-18; ott tutti i giorni 10-17; nov-mar tutti i giorni 10-16 Medio Tea room, Leicester's Barn (£)

LICHFIELD

La città di Lichfield, importante mercato medioevale, è dominata dalla cattedrale a tre guglie che risale a più di 1000 anni fa. Il centro è un affascinante intreccio di strade medioevali con innesti posteriori, soprattutto del XVIII secolo. Particolarmente interessanti sono il Samuel Johnson Museum, in Market Square, e il museo che commemora Erasmus Darwin (nonno di Charles) in Beacon Street.

www.visitlichfield.com

3D Lichfield Garrick Arts and Business Venue 01543 412121

Lun-sab 9-18

LINCOLN

La cattedrale di Lincoln, la terza chiesa più grande della Gran Bretagna, con le sue tre torri domina il panorama circostante. Il luogo, una collina rocciosa che si eleva sul fiume Witham al confine nord-occidentale delle Fens, fu occupato in origine dai celti, ma aveva una posizione strategica, tanto che i Romani vi costruirono una delle loro quattro capitali regionali della Gran Bretagna. Il castello di Lincoln fu poi costruito sopra i ruderi della città romana, sfruttandone in parte le mura. La Jew's House, a Steep Hill, oggi un ottimo ristorante, è uno dei più antichi esempi di architettura privata del XII secolo.

www.lincoln.goc.uk

4E 9 Castle Hill 01522 873213
Lun-gio 9,30-17,30, ven 9,30-17,30, sab-dom 10-17

LUDLOW

Ludlow è un luogo affascinante ed è una delle città medioevali e georgiane meglio conservate d'Inghilterra. Il castello normanno sovrasta la città da una posizione dominante, su una collina in gran parte circondata da fiumi. La chiesa di St. Laurence contiene alcune magnifiche 'misericordie' (mensole scolpite negli stalli del coro) ed è una

testimonianza della passata prosperità della città, legata al commercio della lana. Le piacevoli strade cittadine sono fiancheggiate da case in legno e palazzi georgiani. Chi ama i castelli può fare una gita verso nord a **Stokesay**, il maniero fortificato del XIII secolo meglio conservato d'Inghilterra.

www.ludlow.org.uk

1D Castle Street 01584 875053 Lun-sab 10-17; estate dom 10,30-17

Stokesay Castle

Sud di Craven Arms 49 01588 672544; www.english-heritage

Variabile, consultare il sito web per maggiori dettagli Medio

LYME PARK

Lyme Hall era in origine un'abitazione in stile Tudor trasformata in un bel palazzo in stile italiano dall'architetto veneziano Leoni, nel XVIII secolo. Il parco grande e boscoso che la circonda è popolato di cervi e abbellito da giardini ornamentali.

2F Disley, Stockport 01663 762023, 01663 766492 (registrazione) Apr-ott ven-mar 13-17 (ingresso), 8-8,30 (parco); nov-mar 8-18 (solo parco) Medio

MALVERN

Malvern è il nome generico che indica una deliziosa serie di villaggi lungo la base delle Malvern Hills, famose per le loro acque (più di 80 sorgenti). Il centro principale è Great Malvern, dominato dal suo monastero dalle splendide vetrate. Le vicine Malvern Hills offrono bellissimi panorami sullo Herefordshire e Worchestershire.

www.malvernhills.gov.uk

2C 21 Church Street 01684 892289 Tutti i giorni 10-17 (dom in inverno 10-16)

MUCH WENLOCK

La Guildhall (municipio) nel Butter Market è un condensato dell'architettura di questa cittadina, che presenta esempi di stile Tudor, del tempo di Giacomo I e dell'età georgiana. Ai margini della città ci sono le rovine della **Prioria di Wenlock**, chiesa degli inizi del XIII secolo.

1D

Wenlock Priory

01952 727466

Mag-giu tutti i giorni 10-17; lug-ago tutti i giorni 10-16; set-ott gio-lun 10-17; nov-feb gio-dom 10-16; mar-apr gio-lun 10-17

Economico

NOTTINGHAM

Costruita su colline di arenaria nel punto di attraversamento del fiume Trent, Nottingham è nota per le gesta del brigante del XIII secolo, Robin Hood (foresta di Sherwood; ➤ 130). Questo vivace centro è una delle più grandi città d'Inghilterra, con una brillante vita notturna ed eccellenti strutture per lo shopping. I luoghi più interessanti sono il sito in cui si sorgeva il castello (demolito dopo la guerra civile) e il vecchio mercato di merletti, oltre alle grotte artificiali, risalenti al Medioevo, che sono più facilmente accessibili dal centro commerciale Broad Marsh. Riservatevi un po' di tempo per visitare il Brewhouse Yard Museum sul Castle Boulevard, che ricostruisce la vita del XIX secolo. Qui ci sono molti pub che sostengono di essere i più antichi in Gran Bretagna, ma lo Ye Olde Trip to Jerusalem (➤ 140), incastonato nelle mura sotto il castello, forse ne ha più diritto di tutti, risalendo ai tempi delle crociate del XIII secolo. Gli appassionati di D.H. Lawrence potranno visitare il museo a lui dedicato a Eastwood, la sua città natale, che dista 16 km da qui.

www.visitnotts.com

4E 1-4 Smithy Row 0115 915 5330; Set-giu lun-ven 9-17,30, sab 9-17; lug-ago lun-ven 9-17,30, sab 9-17, dom 10-16

OXFORD

➤ 46-47.

QUARRY BANK MILL, STYAL

Questo cotonificio georgiano ancora funzionante, costruito nel 1784 da Samuel Greg, sorge all'interno dello Styal Country Park e permette di ripercorrere i primi anni della rivoluzione industriale. Intorno a una ruota ad acqua di 50 tonnellate si sviluppò un gruppo di edifici che ne sfruttavano l'energia per la manifattura tessile del cotone. L'opificio, il più grande d'Inghilterra alla metà dell'Ottocento, continuò la produzione industriale fino al 1959.

www.quarrybankmill.org.uk

2F Styal, Wilmslow 01625 527468 Complesso: tutti i giorni 7-18. Apprentice House: metà mar-sett mart-dom; ott-primi di mar mer-dom; l'orario è variabile Medio Mill Kitchen restaurant Mill Pantry (£)

FORESTA DI SHERWOOD

Robin Hood, eroe a metà strada fra storia e leggenda, visse nella seconda metà del XII secolo. Della foresta che vide le sue gesta e lo nascose insieme alla sua banda oggi rimane poco: i vasti disboscamenti del XVIII secolo hanno lasciato soltanto i 182 ettari superstiti che compongono il parco odierno. A pochi minuti dal **centro visite** si trova il Major Oak, la quercia di più di 10 m di diametro, dove Lady Marion e Robin si promisero eterno amore.

A nord della foresta di Sherwood c'è una zona conosciuta come Dukeries, dove si trova **Clumber Park**, un'ampia distesa con parco e boschi. Clumber era un tempo la residenza dei duchi di Newcastle. La casa fu demolita nel 1938, ma rimangono molti elementi di questa proprietà, compresa una cappella in stile gotico.

4E

Sherwood Forest Country Park Visitor Centre

Edwinstowe 01623 823202 Mar-ott tutti i giorni 10-17; nov-feb tutti i giorni 10-16

Clumber Park

01909 476592 Parco: tutti i giorni durante le ore diurne. Giardino: apr-ott lun-ven 10-17, sab-dom 10-16 Pedoni: gratuito. Auto: medio Ristoranti (£-££)

SHREWSBURY

Shrewsbury è il capoluogo dello Shropshire ed è considerata la più bella città Tudor d'Inghilterra. Il fiume Severn ha determinato la nascita di Shrewsbury, il suo sviluppo e il suo attuale aspetto. La città sassone di Scrobbesbyrig fu infatti costruita entro uno stretto meandro fluviale che la circonda quasi completamente, se non per una piccola apertura. La città è uno strano accostamento di strade medioevali, edifici e negozi moderni. Tra le costruzioni più interessanti c'è l'abbazia, in pietra arenaria rossa (ai margini della città) e il Market Hall, di fronte al centro informazioni, costruito nel 1596 per la vendita di abiti in lana. Ma troverete interessanti edifici anche lungo Grope Lane, Butcher Row e intorno alla chiesa di St. Alkmund. Uno dei cittadini più famosi fu Charles Darwin, che frequentò la Shrewsbury School, uno splendido edificio istituito da Edoardo VI nel 1552.

www.visitshrewsbury.com

1E The Square 01743 281200 Mag-set lun-sab 9,30-17,30, dom 10-16; ott-apr lun-sab 10-17; domenica di Pasqua 10-16

STOKE-ON-TRENT

Stoke sarebbe una città come tutte le altre, se non fosse per la sua porcellana. Molte delle ceramiche più famose del mondo sono nate qui, grazie alla presenza di argille marnose, carbone, acqua, ferro, rame e piombo – materiali principali per la produzione della ceramica. Royal Doulton, Minton, Spode e Wedgwood vengono tutte da qui. La città nasce dalla fusione di sei paesini – Stoke, Hanley, Tunstall, Longton, Burslem e Fenton. Al Gladstone Pottery Museum, a Longton, si può assistere a dimostrazioni di produzione di ceramica fatte da artigiani locali, mentre altre esposizioni interessanti sono al Royal Doulton Visitor Centre su Nile Street, a Burslem; al World of Spode, vicino alla stazione ferroviaria di Church Street, a Stoke; al Wedgwood Visitor Centre a Barlaston; ed al Potteries Museum, a Bethesda Street, a Hanley.

www.visitstoke.co.uk

2E Victoria Hall, Bagnall Street 01782 236000 Lun-sab 9,30-17,15

STRATFORD-UPON-AVON

Stratford-upon-Avon, la città natale di William Shakespeare, è una delle maggiori attrazioni turistiche fuori Londra. A parte i numerosi teatri (► 140), potete visitare il luogo natale del poeta, una casa Tudor in gran parte di legno, oggi restaurata e sede di un museo, e il grazioso cottage di sua moglie Anne Hathaway, nel vicino villaggio di Shottery. Ma l'eredità storica di Shakespeare connota l'intera vita della cittadina, che si può percorrere in visite guidate a piedi o in pullman. Per ulteriori dettagli potete rivolgervi al centro di informazioni turistiche.

www.shakespeare-country.co.uk

3C Bridgefoot, vicino alla stazione degli autobus 0870 160 7930 Lun-sab 9-17,30, dom 10-16 Royal Shakespeare Company Box Office 0870 609 1110; www.rsc.org.uk

TATTON PARK

Il Tatton park è uno dei luoghi storici più integri che si possa visitare in Gran Bretagna. La Tatton Hall, in stile georgiano, sorge in mezzo a un parco popolato di cervi (con boschi solcati da sentieri, adatti a biciclette e pedoni) ed è decorata con opulenza; si tratta, dunque, di un ottimo luogo di esposizione per le collezioni di quadri, libri, porcellane, vetro, argento e mobili della famiglia Egerton. La grandiosità vittoriana coinvolge anche i giardini, con zone in stile giapponese e italiano, un giardino di rose e un labirinto.

www.tattonpark.org.uk

2F Knutsford 01625 534400;
Abitazione: metà mar-sett mart-dom 13-16.
Giardini: metà mar-sett mart-dom 10-17.
Parco: metà mar-sett mart-dom 10-18; ott-apr mart-dom 11-16
Medio Ristorante (££)

CASTELLO DI WARWICK

Le dimensioni impressionanti del castello di Warwick confermano la sua fama di castello medioevale più bello d'Inghilterra. Occorre però ricordare che una parte considerevole del castello risale al restauro del XIX secolo, che lo trasformò da castello in un magnifico palazzo signorile. Il primo edificio che sorse in questo luogo era sassone, e fu costruito nel 914 d.C. da Ethelfleda, figlia di Alfredo il Grande. Seguì un castello normanno, costruito in legno, infine nel XIV secolo fu eretta la versione in pietra ancora esistente.

www.warwick-castle.co.uk

3C 0870 4422000 Apr-set tutti i giorni 10-18; ott-mar tutti i giorni 10-17 Costoso Caffè e ristoranti

WORCESTER

Worcester, sul fiume Severn, assunse particolare rilievo all'epoca romana, quando vi ebbero sede una fiorente fonderia di ferro e un porto. Oggi la gloria della città è la sua cattedrale, la cui storia risale al 680 d.C., epoca alla quale risalgono le prime notizie relative all'esistenza di una cattedrale in legno. Intorno alla cattedrale sorgono anche altri edifici interessanti; da non perdere la Edgar Tower del XIV secolo, gli edifici della Kings' School nel College Green, il Decanato, il Watergate, l'Old Palace o le rovine della Guesten Hall. L'edificio detto Commandery risale al XV secolo: per un periodo fu il quartier generale di Carlo II, e adesso ospita un interessante museo dedicato alla Guerra civile. Per molti la fama di Worcester rimane legata (oltre che alla salsa Worcestershire!) alla manifattura della porcellana Royal Worcester: la fabbrica si trova non lontana dal fiume.

www.visitworcester.com

2C · The Guildhall, High Street · 01905 726311

a piedi

intorno a Lathkill Dale

Questa è una passeggiata in una delle valli più belle del Derbyshire. Prima di partire controllate l'orario di ritorno degli autobus da Youlgreave per Bakewell.

Prendete King Street e girate su South Church Street, e poi a sinistra su Yeld Road. Dopo circa 90 m, girate a destra fino a una rampa di scalini di pietra; in cima, passate un viale e poi un vicolo, al termine del quale oltrepassate alcune case e costeggiate un campo da gioco. Attraversate la strada e tenetevi sul margine destro del cortile della scuola; poi, dopo due campi, girate a sinistra lungo un muro fino ad arrivare ai piedi della valle. Girate a destra e subito a sinistra in un vicolo per Over Haddon. Attraversate Over Haddon, girando a sinistra, scendendo verso il fiume Lathkill. Girate a destra e percorrete la valle per circa 3 km.

La prima parte della valle è boscosa e dà su un paesaggio aperto e roccioso, tipico del panorama del luogo.

Quando la valle si restringe, attraversate una passerella a sinistra ed entrate nella Cales Dale. Dopo circa 270 m, attraversate la valle salendo sull'altro lato, giungendo a un campo in pendenza. Un percorso ben segnalato conduce in alto fino a Calling Low Farm e attraverso i campi fino a una strada. Girate a sinistra e poi subito a destra, poi ancora a destra dietro un parcheggio. Seguite un sentiero per i campi fino alla strada più in basso, girate a sinistra e seguitela fino a Youlgreave.

Visitate questo incantevole paesino prima di tornare a Bakewell con l'autobus (n. 171, ☎ 0870 608 2608). La fermata dell'autobus è sulla strada principale a Youlgreave.

Lunghezza 10 km
Durata 3-4 ore comprese le soste
Partenza Bakewell 3F
Arrivo Youlgreave
Pranzo The Farmyard pub, Youlgreave (£-££)

HOTEL

Edgbaston Palace Hotel (££)

Costruito nel 1854, l'Edgbaston Palace Hotel è un edificio storico, situato a 1,6 km dal centro di Birmingham.

✉ 198 Hagley Road, Edgbaston, Birmingham ☎ 0121 452 1577

The Feathers at Ludlow (££)

➤ 72.

Fownes Hotel (££)

Una fabbrica di guanti vittoriana trasformata in un moderno hotel di fama con ristorante e camere complete di tutti i comfort.

✉ City Walls Road, Worcester ☎ 01905 613151

Le Manoir aux Quat'Saisons (£££)

➤ 73.

Quorn Country Hotel (££)

Un piacevole hotel con deliziosi e curati giardini che scendono fino al fiume Soar. Si può scegliere tra due ristoranti.

✉ Charnwood House, Quorn, Leicestershire ☎ 01509 415050

Rutland Square Hotel (££)

Un enorme magazzino di mattoni rossi completamente ristrutturato, a soli 46 m dal castello di Nottingham. Il ristorante serve cucina tradizionale inglese e francese.

✉ St. James Street, Nottingham ☎ 0115 941 1114

Tewkesbury Park Hotel and Country Club (££)

Circondato da un parco di 71 ettari, questo hotel fu costruito intorno a una dimora del XVIII secolo, con veduta sul fiume Severn.

✉ Lincoln Green Lane, Tewkesbury, Gloucestershire ☎ 0870 609 6101

Welcombe Hotel and Golf Course (£££)

Magnifica residenza stile Giacomo I situata all'interno di un parco privato con ampi giardini e un campo da golf da 18 buche.

✉ Warwick Road, Stratford-upon-Avon ☎ 01789 295252

RISTORANTI

Chez Jules (££)
Questo ristorante francese situato nell'affollato centro di Birmingham ha un'eccellente scelta di offerte speciali per pranzo.
✉ 5a Ethel Street, Birmingham ☎ 0121 633 4664 🕒 Tutti i giorni pranzo, cena; chiuso domenica a cena

Brown's (££)
➤ 58.

The Eagle and Child (£)
Si accede a questo pub dalla reception del Royalist Hotel, la più antica locanda inglese. Serve cucina tradizionale e birre artigianali.
✉ Stow on the Wold, Gloucestershire ☎ 01451 830670 🕒 Tutti i giorni 12-14,30, 18-21,30

The George (£)
Il George, che è al confine della pittoresca Dovedale, è il punto focale del villaggio. I soffitti bassi con travi a vista creano una zona bar accogliente mentre i posti all'aperto sono ideali per cene estive.
✉ Alstonefield, Derbyshire ☎ 01335 310205
🕒 Tutti i giorni 12-14, 19-21

Green's Café (£)
➤ 58.

King Charles II (££)
Anche se l'ambientazione in stile XVII secolo è leggermente forzata, il King Charles II serve dell'eccezionale cibo tradizionale.
✉ New Street, Worcester ☎ 01905 22449 🕒 Lun-sab pranzo, cena

The Oppo (££)
La migliore scelta fra le molte in questa strada, serve una cucina internazionale fantasiosa in un ambiente vivace. Benché affollato, è un posto ideale per mangiare se state esplorando Shrewsbury.
✉ 13 Sheep Street, Stratford-upon-Avon, Warwickshire ☎ 01789 269980
🕒 Tutti i giorni pranzo, cena

Rose and Crown (£-££)
Un'ottima locanda in centro, buona per la sua gamma di economici pasti da bar e spuntini serviti durante tutto il giorno.
Market Place, Warwick 01926 411 117 Tutto il giorno

Ye Olde Trip to Jerusalem (£–££)
In parte scavato nella roccia, questo pub risale al XII secolo.
1 Brewhouse Yard, Castle Road, Nottingham 0115 9473171
Tutti i giorni 11-23

DIVERTIMENTI

Hippodrome Theatre
Sede del Birmingham Royal Ballet, ospita regolarmente la Welsh National Opera.
Hurst Street, Birmingham 0870 7305555

Midland Arts Centre
Frequentato dalle compagnie teatrali in tournée.
Cannon Hill Park, Edgbaston, Birmingham 0121 440 3838

Playhouse
Con la Holywell Music Room, presenta la maggior parte della musica e del teatro di Oxford.
Beaumont Street, Oxford 01865 305305; www.oxfordplayhouse.com

Teatri di Stratford-upon-Avon
Per tutte le opere shakespeariane, il Royal Shakespeare Theatre; per opere contemporanee, oltre a Shakespeare, The Swan; e per il teatro sperimentale, The Other Place in Southern Lane.
Box office: 0870 6091110; www.rsc.org.uk

Symphony Hall
La prestigiosa City of Birmingham Symphony Orchestra si esibisce alla Symphony Hall, ambiente dall'acustica eccellente. Vi si ospitano anche produzioni in tournée.
International Convention Centre, Centenary Square, Birmingham
0121 780 3333

Inghilterra del sud-est

Lungo le coste meridionali e orientali dell'Inghilterra il nome di ogni luogo ha un suono evocativo: qui si trovano villaggi ricchi di tradizioni marinare, le scogliere di Dover e le Seven Sisters, le falesie che sfidano il mare e l'Europa continentale. Qui si possono percorrere tranquille strade acciottolate, passeggiare su eleganti lungomare o godersi i ventosi sentieri in cima alle scogliere.

Il sud-est dell'Inghilterra è stato il varco d'ingresso nel Paese agli invasori normanni e il paesaggio ne reca testimonianza, con le sue memorie storiche e i suoi monumenti. In questa zona si trovano castelli, campi di battaglia e siti storici, come Il castello di Leeds, nel Kent, dove abitò Enrico VIII, o la città di Canterbury, destinazione dei pellegrini di Chaucer. La ricca campagna si distende in magnifici paesaggi, giustificando l'epiteto di 'giardino di Inghilterra' che il Kent si è guadagnato.

BLICKLING HALL

Costruita nel XVII secolo, la Blicking Hall con i suoi mattoni rossi è una delle più belle residenze inglesi dell'epoca di Giacomo I, famosa per la sua lunga galleria, la superba biblioteca, l'eccezionale collezione di arredi, quadri e arazzi. I giardini sono splendidi in qualunque periodo dell'anno e nel grande parco che circonda la casa si trovano un lago e molti bei sentieri tranquilli. In estate vi si tengono concerti.

www.nationaltrust.org.uk

18T Blickling, Norfolk 01263 738030 Casa: apr-set mer-dom 13-17; ott mer-dom 13-16. Parco: tutti i giorni dal tramonto all'alba Medio Ristorante e dispensa (£-££)

BODIAM CASTLE

Costruito nel 1385, sia per scopi di difesa che come dimora, Bodiam Castle è uno dei castelli più famosi e suggestivi della Gran Bretagna. I bastioni esterni, quasi completi, si specchiano scenograficamente sul fossato. Dell'interno restano scale a chiocciola e torri da esplorare: abbastanza per dare un'idea di quale poteva essere la vita del complesso nel passato.

www.nationaltrust.org.uk

16P Robertsbridge, East Sussex 01580 830436 Feb-ott tutti i giorni 10,30-18; nov-gen sab-dom 10,30-16 (l'orario può variare) Medio Tea room (£)

BRIGHTON

Nel tardo XVIII secolo il principe di Galles, in seguito Giorgio IV, visitò Brighton, dando inizio alla consuetudine della vacanza al mare. Sul lungomare sorgono eleganti case a schiera color panna in stile Regency, che si estendono fino alla vicina Hove, ma l'edificio più famoso è lo straordinario Pavilion in stile indiano. Oggi Brighton è una città *bohémien*, con una vasta popolazione di studenti e una comunità gay, ed è famosa per la vita notturna. Per fare shopping andate a The Lanes, un labirinto di stretti vicoli con boutique interessanti, negozi di antiquariato, bar e ristoranti. Su North Laine ci sono pub, bar e negozi che vendono oggetti kitsch anni '50.

www.visitbrighton.com

15P 10 Bartholomew Square 0906 7112255 Lun-sab 10-17; estate lun-sab 10-17, dom 10-16

BURY ST. EDMUNDS

La pianta regolare di Bury, di origine normanna, rende facile visitare questa graziosa cittadina del Suffolk. Il suo nome deriva da un re dell'East Anglia del IX secolo, ucciso da banditi danesi. Le sue ossa furono sepolte nell'abbazia e la città divenne meta di pellegrinaggio. La cittadina, con le rovine dell'abbazia al centro, divenne ricca nel Medioevo grazie al commercio della lana ed è ancora oggi un vivace centro agricolo. Tra i suoi numerosi palazzi c'è il Moyse's Hall, oggi museo, e l'Angel Hotel, citato da Dickens nel *Circolo Pickwick*.

www.visit-suffolk.org.uk

6C 6 Angel Hill 01284 764667 Pasqua-set lun-sab 9,30-17,30, dom 10-15; ott-Pasqua lun-ven 10-16, sab 9,30-13

CAMBRIDGE

Cambridge, in particolare la sua celebre università, si sviluppò in seguito a una persecuzione subita da alcuni studenti di Oxford: questi si spostarono qui nel XIII secolo, epoca a cui risale il college più antico (Peterhouse, 1284). L'attuale università è formata da 31 college: il più recente è il Robinson, del 1977. Come Oxford (► 46-47), la città ha tratto beneficio dalla presenza dell'università e oggi è cuore della 'Silicon Fen' – il polo di industrie tecnologiche sorte nelle pianure intorno alla città. I più importanti palazzi di Cambridge sorgono in centro: lungo la King's Parade sorge il King's College, famoso per la sua magnifica cappella del XV secolo e il superbo coro. Salendo sulla torre della Great St. Mary's Church si può godere di una

splendida veduta su tutta la città: riconoscerete facilmente i college più antichi, ordinatamente costruiti intorno a cortili squadrati. Continuando sulla stessa strada troverete il Trinity College, fondato da Enrico VIII. Tra i college e il fiume si trovano i Backs, una serie di gradevoli giardini e prati che fronteggiano i campi aperti dall'altra parte del fiume. Potete noleggiare i tradizionali barchini (*punt*) per navigare sul fiume. La più grande area per lo shopping è parallela ai college e utilizza con sobria modernità gli edifici storici. Anche i giardini botanici e le stupende collezioni del **Fitzwilliam Museum** meritano senz'altro una visita.

www.visitcambridge.org

5C Wheeler Street 0871 226 8006 Ott-mar lun-ven 10-17,30, sab 10-17; Pasqua-set lun-ven 10-17,30, sab 10-17, dom 11-16

Fitzwilliam Museum

Trumpington Street 01223 332900 Mart-sab 10-17, dom 12-17 Gratuito

CANTERBURY

Canterbury era già un capoluogo nell'età del ferro ed era una città romana importante. Nel 597 d.C., il monaco Agostino (sant'Agostino di Canterbury) fondò il monastero, la Christ Church, che divenne la prima cattedrale d'Inghilterra. Questa magnifica cattedrale, che fu riedificata in forma gotica nel XII secolo, è tuttora il più importante monumento di Canterbury. Qui il vescovo Thomas Becket fu brutalmente ucciso nel 1170 e il suo santuario divenne uno dei più famosi d'Europa, secondo solo a Roma: il pellegrinaggio che vi si svolgeva fu immortalato da Chaucer nei suoi *Racconti di Canterbury* (1388). Oggi l'arcivescovo di Canterbury è capo della Chiesa d'Inghilterra e leader della comunità anglicana internazionale.

www.canterbury.co.uk

17Q 12/13 Sun Street, The Buttermarket 01227 378100; Pasqua-ott lun-sab 9,30-17; nov-Pasqua 10-16

CHARTWELL

Residenza di Sir Winston Churchill dal 1924 alla morte, Chartwell è una casa di campagna vittoriana tutt'altro che maestosa, ma con una bellissima veduta sul Weald (➤ 157). Le stanze sono ancora come le lasciò il proprietario, con quadri, mappe e ricordi che evocano la carriera e la vasta gamma d'interessi di colui che fu primo ministro d'Inghilterra durante la guerra. Nei bellissimi giardini terrazzati sorge lo studio esterno di Churchill, nel quale sono ancora esposti molti dei suoi dipinti.

150 Westerham, Kent 01732 866868; informazioni registrate: 01732 868381 Apr-giu mer-dom 11-17; lug-ago mar-dom 11-17; set-ott mer-dom 11-17 Medio Ristorante (£-££)

CHILTERNS

Le Chilterns sono una serie di colline di gesso che si estendono da Dunstable, nel nord, a Reading, nel sud, caratterizzate dai boschi di faggio e graziosi villaggi. Fingest è il più piacevole, annidato tra boscosi declivi con una chiesa normanna e una locanda del XVIII secolo. L'area fortunatamente non è stata toccata dall'avanzamento della periferia di Londra, ma è facilmente accessibile dalla capitale, con treni veloci e linee della

metropolitana che portano nel cuore di questa campagna incredibilmente tranquilla. Il confine occidentale è delimitato da un'altura attraversata dal Ridgeway National Trail, un sentiero che segue una rotta commerciale preistorica, ottimo per passeggiare.

www.chilternaonb.org

14R Paul's Row, High Wycombe 01494 421892 Lun-gio 9,30-17, ven 9,30-16,30, sab 9,30-16

CASTELLO DI DOVER

Il castello di Dover è una formidabile struttura usata per scopi di difesa dal XII secolo fino alla fine del XX. In posizione dominante sulla città, ha un massiccio torrione costruito da Enrico II intorno al 1180, con mura spesse 5-7 m. Durante la Guerra civile, il castello fu preso da Oliver Cromwell. Fu quindi rinforzato durante le Guerre napoleoniche e giocò un ruolo importante durante la Seconda guerra mondiale. Le famose scogliere di Dover sono ricche di fortificazioni usate durante il conflitto: l'osservatorio militare posto nei dintorni del castello è un'ottima postazione per ammirare il panorama sulle scogliere e sulla Manica. La vicinanza alle armi tedesche, sulla costa francese, gli fece guadagnare il titolo di *Hellfire Corner* (angolo del fuoco infernale). Nel centro della città, il **Dover Museum** descrive la storia dello sviluppo della città e del porto a partire dall'età del bronzo.

www.english-heritage.org.uk

17P 01304 211067 Apr-lug e set tutti i giorni 10-18; ago tutti i giorni 9,30-6,30; ott tutti i giorni 10-17; nov-gen gio-lun 10-16; feb-mar tutti i giorni 10-16 The Keep Restaurant (££) e The Tunnel Café (£-££) Medio-costoso

Dover Museum

Market Square, Dover 01304 20106; www.dover.gov.uk Lun-sab 10-17,30, dom 12-17 Economico

ELY

Finché le zone paludose circostanti non furono prosciugate, nel XVII secolo, Ely sorgeva su un'isola, in mezzo a un labirinto di canali e vegetazione. Le paludi erano una difesa naturale così valida, che gli invasori normanni riuscirono a conquistare la città solo nel 1071. Per celebrare la loro vittoria, i normanni costruirono l'enorme Cattedrale delle paludi, che torreggia sul territorio circostante. Ely è un gradevole mix di edifici di diversi periodi, dal XV secolo alle epoche georgiana e vittoriana.

5C Oliver Cromwell's House, 29 St. Mary's Street 01353 662062
Apr-ott tutti i giorni 10-17,30; nov-mar dom-ven 11-16, sab 10-17

HASTINGS

Hastings è nota come il luogo da cui, nel 1066, iniziò la conquista dell'Inghilterra da parte dei normanni. Quando Guglielmo di Normandia vi sbarcò, Hastings era già un porto fiorente. Oggi è un centro a metà strada tra una stazione balneare, un rifugio di artisti e un piccolo porto di pesca. Date un'occhiata ai negozi di reti da pesca rivestiti con tavole di legno, tipici della cittadina. La vicina Battle, a 8 km, luogo dove si svolse la famosa battaglia di Hastings,

che vide trionfare il re Guglielmo, vanta una magnifica abbazia costruita per celebrare la vittoria.

www.visithastings.com

16P Queen's Square, Priory Meadow 0845 274 1001 Lun-ven 8,30-18,15, sab 9-17, dom 10,30-16,30

CASTELLO DI HEVER

Il castello di Hever, risalente al XIII secolo, è un'elegante roccaforte circondata da un fossato, che conserva al suo interno molte opere di epoca Tudor, oltre a numerose pitture e cimeli interessanti. Fu abitato dapprima da Anna Bolena, seconda moglie di Enrico VIII, poi dalla sua quarta moglie (Anna di Cleves) dopo il divorzio. Quasi caduto in rovina, il castello fu acquistato da William Waldorf Astor, il milionario americano proprietario del giornale *The Observer*: questi promosse un meticoloso restauro, che face ritornare il castello agli splendori dei Tudor, rendendolo uno splendido esempio della vita di corte di quei tempi.

www.hevercastle.co.uk

15P Hever, vicino a Edenbridge, Kent 01732 865224 Castello: mar-ott tutti i giorni 12-17; nov tutti i giorni 12-15,30. Giardini: mar-ott tutti i giorni 11-17, nov tutti i giorni 11-15,30. Chiuso dic-feb Costoso

Ristoranti Moat e Pavilion (£-££)

CASTELLO DI LEEDS

In origine residenza reale sassone, costruita nel 857 d.C., Il castello di Leeds, che nella sua forma attuale fu iniziato nel 1120, divenne residenza della famiglia normanna dei Crevecoeur e poi palazzo reale durante il regno di Edoardo I. Il castello, che sorge dal lago come in una favola, è stato residenza di sei regine medioevali. Se venite in treno da London Victoria, comprate un biglietto 'tutto incluso' per Bearsted, che comprende ingresso e navetta per il castello.

www.leeds-castle.com

16P Leeds, vicino a Maidstone, Kent 01622 76540 Apr-set tutti i giorni 10-17; ott-mar tutti i giorni 10-15 Costoso The Fairfax Hall (£-££) e The Terrace Room (££)

VILLA ROMANA DI LULLINGSTONE

La villa, scoperta nel 1939, costituisce uno dei maggiori ritrovamenti archeologici del XX secolo. Fu costruita intorno al 100 d.C. e fu abitata durante tutta l'epoca dell'occupazione romana. Molto della struttura e dei pavimenti a mosaico è ancora visibile.

16Q Lullingstone Lane, Eynsford, Dartford, Kent 01322 863467 Apr-set tutti i giorni 10-18; ott-nov e feb-mar tutti i giorni 10-16; dic-gen mer-dom 10-16 Villaggio di Eynsford Economico

NORFOLK BROADS

Il cuore del Norfolk è attraversato da numerosi corsi d'acqua conosciuti come the Broads. Questa è una zona di fiumi tranquilli – Yare, Waveney, Bure Ant e Thurne – e laghi poco profondi, 42 in tutto, nati alcune centinaia di anni fa in seguito all'estrazione della torba. Le gite in barca sui Broads sono molto popolari e restano il modo migliore per apprezzarli. In questi 200 km di vie d'acqua senza chiuse potreste tranquillamente navigare per giorni, sempre immersi in un ambiente naturale che non ha uguali.

www.broads-authority.gov.uk

18T · Station Road, Hoveton · 01603 782281 · Apr-nov tutti i giorni 9-17

NORWICH

Qualunque siano i vostri interessi, la città di Norwich avrà qualcosa da offrirvi: architettura, arte, musei, divertimenti, o semplicemente shopping. La cattedrale dalle guglie sottili, circondata da stradine acciottolate con begli edifici antichi e gli animati centri commerciali moderni sono tutti dominati da un castello normanno, costruito intorno al 1160, che oggi ospita un interessante museo. Norwich ha molte chiese medioevali (anche se non tutte sono oggi usate), soprattutto St. John Maddermarket, che ospita una bella collezione di ottoni, e St. Michael at Plea, il cui nome deriva dalla corte dell'arcidiacono. Questa città, che era molto ricca in età medioevale, è ancora il capoluogo non ufficiale dell'East Anglia e un comodo punto di partenza per esplorare i Broads e la bella costa del Norfolk.

www.visitnorwich.co.uk

18T The Forum, Millenium Plain 01603 727927 Apr-ott lun-ven 9,30-17,30, sab 9,30-18; nov-mar lun-sab 9,30-17,30

PENSHURST PLACE

Il delizioso villagio di Penshurst si trova alla confluenza dei fiumi Eden e Medway ed è dominato dal Penshurst Place, del XIV secolo, il più bel maniero privato nel Kent. Questo fu luogo di nascita di Sir Philip Sidney (1554-86), poeta inglese e soldato

elisabettiano. La caratteristica più nota e spettacolare di Penshurst Place è il massiccio soffitto di castagno della Barons Hall, costruita da Sir John de Pulteney, quattro volte sindaco di Londra. Penshurst Place è circondata da magnifici giardini.

www.penshurstplace.com

16P Penshurst, vicino a Tonbridge, Kent 01892 870307; Casa: mar-nov tutti i giorni 12-16. Parco: mar-nov tutti i giorni 10,30-18 Medio Giardino Ristorante (£-££)

ROCHESTER

Rochester, nota unitamente alla vicina Chatham come Medway Towns, fu fondata dai Romani nel punto in cui la Watling street, la grande via proveniente dai porti della Manica, incrociava il fiume Medway. Più tardi, nel 604 d.C., i Sassoni fondarono qui una cattedrale, la seconda più antica d'Inghilterra, poi ricostruita dai Normanni. Questi riconoscendo l'importanza strategica della città, edificarono qui anche un castello. Molti dei palazzi di Rochester sono di epoca georgiana e il luogo è rimasto piacevolmente tranquillo. Anche lo scrittore Charles Dickens apprezzò molto Rochester, facendone lo sfondo di molte sue opere, tra cui *Grandi speranze*.

www.medway.giv.uk/tourism

16Q 95 High Street 01634 843666 Lun-ven 9-17, sab 10-17, dom 10,30-17

SAFFRON WALDEN

Le graziose case in legno di quest'antica cittadina di mercato sono in molti casi adornate con eleganti rifiniture in gesso note come *pargeting*. Intorno alla piazza del mercato si estende un dedalo di vicoli medioevali e lungo Church Street si aprono negozi di libri e di antiquariato. Fino al XVIII secolo questo era il centro principale per la produzione dello zafferano e la ricchezza derivante da tale commercio contribuì alla costruzione della magnifica chiesa di St. Mary the Virgin.

www.uttlesford.gov.uk/tourism
5C 1 Market Place, Market Square 01799 510444 Apr-ott, lun-sab 9,30-17,30, dom 10,30-13; nov-mar lun-sab 10-17

ST. ALBANS

Secondo la tradizione, Albano era un soldato romano convertito al cristianesimo che fu torturato e decapitato a causa del suo rifiuto di offrire sacrifici agli dei pagani. Divenne il primo martire d'Inghilterra e l'abbazia qui costruita, eretta dal re Offa di Mercia nell'VIII secolo sul luogo del martirio, divenne una delle più ricche del Paese. La chiesa normanna fu edificata tra XI e XII secolo, usando pietra e reimpiegando anche mattoni romani del IV secolo.

St. Alban's è sempre stata un'importante tappa sulla strada per Londra e ancora oggi è un fiorente centro commerciale, oltre a essere rimasta popolare per i pellegrini, oltre che per i turisti. Al sud della città, il **Giardino delle rose**, con più di trentamila

esemplari, rappresenta la più grande collezione di rose al mondo.
www.stalbans.gov.uk
15R Town Hall, Market Place 01727 864511; Lun-sab 10-17, dom 10-16

Giardino delle rose
01727 850461 Giu-set lun-sab 10-17, dom 10-16 Medio

SEVEN SISTERS

Le Seven Sisters sono delle sbalorditive scogliere di gesso verticali che si estendono tra Cuckmere Haven e Birling Gap. Il parco creato per preservare questa famosa meraviglia naturale offre alcune delle più belle passeggiate costiere e lungo fiume di tutto il Paese, soprattutto lungo il serpeggiante fiume Cuckmere.
www.sevensisters.org.uk
16N Seven Sisters Country Park, Exceat, Seaford, East Sussex
01323 870280 Pasqua-ott lun-ven 10,30-16,30, sab-dom 10,30-17; nov-Pasqua solo weekend 11-16

COSTA E BRUGHIERE DEL SUFFOLK

Dalle sue sinuose spiagge alle vaste brughiere selvagge, canneti e grandi estuari, la Suffolk Coast e Heaths Area of Outstanding Natural Beauty è un paesaggio bellissimo, ma fragile. Si estende grosso modo da Kessingland, nel nord, fino ad Aldeburgh. La costa è molto apprezzata per la ricchezza della sua fauna e flora: a Minsmere, tra Southwold e Leistone, c'è una splendida riserva di uccelli palustri. Aldeburgh è invece famosa per il suo **festival delle arti** di giugno, inaugurato nel 1948 dal compositore Benjamin Britten e dal tenore Peter Pears.

www.suffolkcoastandheaths.co.uk

✝ 18R

Aldeburgh Festival of Music and Arts

✉ Snape Maltings, (5 km all'interno) ☎ Box Office: 01728 687110; www.aldeburgh.co.uk

CASTELLO DI WALMER

Costruito per resistere agli assalti dei francesi e spagnoli che seguirono la rottura di Enrico VIII con la Chiesa cattolica romana, il castello di Walmer ha un'originale struttura, bassa e tozza con mura molto spesse, progettate come difesa dalla polvere da sparo, che era diventata una nuova minaccia. Più tardi il castello fu trasformato in palazzo monumentale e venne usato come residenza del Lord guardiano dei Cinque Ports; fra i Lord guardiani si contano Pitt il Giovane, il duca di Wellington e Sir Winston Churchill.

17P Kingsdown Road, Walmer, Kent 01304 364288
Apr-set tutti i giorni 10-18; ott mer-dom 10-16; mar tutti i giorni 10-16
Medio Tea room (£-££)

WEALD

Un paesaggio vario e affascinante tra le colline di gesso delle North e delle South Downs. Il suo nome deriva dalla parola 'bosco' in antico inglese: l'intera zona infatti era fittamente boscosa ai tempi degli anglo-sassoni. Divenne importante per la lavorazione del ferro prima della rivoluzione industriale. Il **Museo all'aria aperta** di Singleton è il più importante museo sugli edifici storici e la vita rurale tradizionale in Inghilterra.

www.highweald.org 16P

Weald and Downland Open Air Museum

Singleton, vicino a Chichester
01243 811348; www.wealddown.co.uk Gen-metà feb mer, sab, dom 10,30-16; metà feb-mar tutti i giorni 10,30-16; apr-ott tutti i giorni 10,30-18; nov-metà dic tutti i giorni 10,30-16 Medio

WINDSOR

La bella città di Windsor vanta il più grande castello d'Inghilterra, che accoglie al suo interno una sorta di piccola città, cinta da mura. Le graziose strade, molte delle quali lastricate, hanno molte case georgiane e in legno, e un magnifico palazzo municipale, progettato da Sir Christopher Wren. La città è, ovviamente, dominata dal **castello di Windsor**, che è ancora abitato dalla regina. I lavori del castello cominciarono nell'XI secolo, anche se molti degli edifici sono del XII secolo e furono modificati sia nel XIX secolo sia nel XX secolo a seguito di un disastroso incendio nel 1992. Sul Tamigi sorge la famosa ed esclusiva Eton School.

www.windsor.gov.uk

14Q Centro commerciale Windsor Royal 01753 743900 Apr-giu lun-ven e dom 10-16, sab 10-17; lug-ago lun-sab 10-17,30, dom 10-17; set lun-sab 10-17, dom 10-16; ott-mar lun-ven e dom 10-16, sab 10-17

Castello di Windsor

020 7766 7304 Mar-ott tutti i giorni 9,45-17,15; nov-feb tutti i giorni 9,45-16,15 Costoso

WOBURN ABBEY

La sontuosa dimora del XVIII secolo di Woburn Abbey contiene una preziosa collezione privata di arte, fra le cui opere si trovano tele di Van Dyck, Canaletto, Gainsborough, Rembrandt e Velazquez, oltre a squisite porcellane. Gran parte del parco forma il **Woburn Safari Park**, la più grande riserva percorribile in auto della Gran Bretagna.

www.woburnabbey.co.uk

4C Woburn 01525 290666 Fine mar-fine sett lun-sab 11-16, dom e feste pubbliche 11-17; inizio-fine ott e fine dic-fine mar sab-dom feste pubbliche 11-16 Flying Duchess Pavilion (££) Costoso

Woburn Safari Park

01525 290407; www.woburnsafari.co.uk Mar-ott tutti i giorni 10-17

in auto a South Downs

Lasciate Chichester dirigendovi a nord sulla A286 per Midhurst, ma subito dopo Mid Lavant girate sulla B2141, seguendo un bellissimo percorso attraverso declivi boscosi fino a Chilgrove e South Harting.

Chilgrove è poco più di una gruppetto di cottage e un pub in mezzo a una valle verdeggiante, punteggiata di fattorie isolate; nelle vicinanze ci sono i resti di due ville romane.

Proprio quando la B-road lascia South Harting, girate a destra su una strada secondaria per East Harting, Elsted

e Lower Elsted e, alla fine, prendete la A272 a Stedham Common. Girate a destra e subito a sinistra per il borgo di Iping, dove attraverserete il fiume Rother.

Iping è un paesino delle Downs con antichi cottage, un mulino e un ponte a cinque archi attraverso il fiume. Stedham Common è disseminato di collinette sepolcrali preistoriche.

Un po' oltre, girate a destra e seguite viottoli di campagna verso Easebourne. Quando incontrate la A286, girate a destra ed entrate a Midhurst.

Midhurst è una cittadina di mercato vivace con una strada larga e spaziosa, North Street, nella quale si trovano molti edifici interessanti, alcuni buoni pub, uno dei quali – l' Angel – si dice fosse frequentato dai padri Pellegrini.

Nel centro di Midhurst, dove la strada fa una curva pronunciata, cercate la strada laterale sulla destra per Bepton e seguite questa direzione fino a un incrocio a T, vicino al borgo. Girate a sinistra per Cocking, un paesino lungo la strada situato in una radura. Continuate a seguire la A286 per West Dean, un luogo grazioso con molti cottage in pietra. Da West Dean, restate sulla strada principale per ritornare a Chichester.

Lunghezza 88 km
Durata 2-3 più le soste
Partenza/arrivo Chichester ✚ 14P
Pranzo Ci sono pub a Chilgrove, South Harting, Elsted, Lower Elsted, Easebourne, Midhurst, Cocking e West Dean

HOTEL

Beauport Park Hotel (££)
Una casa di campagna georgiana situata in un parco con piscina privata, campi da tennis, campi da golf, ristorante a lume di candela e camini; vicino a campi da golf da 18 e 9 buche.
✉ Battle Road, Hastings, East Sussex ☎ 01424 851222

Drakes (££-£££)
Questo elegante hotel sul mare, molto alla moda, ha 20 camere ed è particolarmente adatto per chi volesse assaporare la vita notturna di Brighton.
✉ 43-44 Marine Parade, Brighton ☎ 01273 696934; www.drakesofbrighton.com

Gravetye Manor (£££)
➤ 72-73.

The Old Bridge Hotel (££)
Il massimo del country hotel in città. I saloni si prolungano in una splendida veranda, dove potete gustare cibo in stile *brasserie* o godere del ristorante di prima qualità; tutte le camere sono arredate in modo elegante.
✉ The High Street, Huntingdon, Cambridgeshire ☎ 01480 424300

The Norfolk Mead Hotel (££)
Vicino a Norwich e ai Norfolk Broads, l'hotel sorge in luogo appartato sul fiume Bure e ha un eccellente ristorante.
✉ Church Loke, Coltishall, near Norwich, Norfolk ☎ 01603 737531

Ravenwood Hall Hotel (££)
Circondato da 7 acri di bosco e giardini ben curati appena fuori Bury St. Edmunds, è un hotel di carattere e qualità; tutte le camere sono spaziose e ben attrezzate e l'accogliente ristorante offre un menu a prezzo fisso. Piscina riscaldata all'aperto.
✉ Rougham, Bury St. Edmunds, Suffolk ☎ 01359 270345

York House Hotel (££)
Situato su uno spettacolare lungomare, questo hotel offre uno standard molto elevato di alloggio, cibo e ottimi vini. Ha una piscina riscaldata al chiuso.
✉ 14-22 Royal Parade, Eastbourne, East Sussex ☎ 01323 412918

RISTORANTI

Augustine's (££)
Popolare ristorante nel centro della città, serve moderna cucina europea.
✉ 1 e 2 Longport, Canterbury, Kent ☎ 01227 453063 🕒 Tutti i giorni 12-13,30, 18,30-21

The Crooked Barn (££)
Descritto come un'oasi nascosta a Oulton Broad, questo granaio dal tetto di paglia del XVIII secolo è uno splendido luogo per mangiare. Cucina moderna con eccellenti menu fissi per pranzo.
✉ Ivy House Farm Hotel, Ivy Lane, Oulton Broad, Lowestoft, Suffolk ☎ 01502 501353 🕒 Tutti i giorni 12-13,30, 19-21,30

The Jolly Sportsman (£-££)
➤ 58.

The Old Fire Engine House (££)
Gestito dalla stessa famiglia da più di 30 anni, è un edificio del XVIII secolo con un grande giardino circondato da mura e un'atmosfera informale. La cucina si basa su ingredienti locali.
✉ 25 St. Mary's Street, Ely, Cambridgeshire ☎ 01353 662582 🕒 Lun-sab pranzo, cena, dom pranzo; a Natale chiuso per due settimane

The Orangery (£££)
Cucina inglese moderna servita con gusto in un delizioso ambiente georgiano. Mangiare qui dà la sensazione di trovarsi in un'autentica casa di campagna.
✉ Congham Hall Country House Hotel, Grimston (vicino a King's Lynn), Norfolk ☎ 01485 600250 🕒 Tutti i giorni 12-13,45, 19-21,15

Tatlers (££)
Ristorante di tipo brasserie in una casa georgiana rimodernata. Serve cucina inglese moderna con un tocco francese.
✉ 21 Tombland, Norwich, Norfolk ☎ 01603 766670 🕐 Lun-sab 12-14, 18,30-22

Terre à Terre (££)
Interessante ristorante vegetariano nel centro di Brighton con vino e birra biologici.
✉ 71 East Street, Brighton, East Sussex ☎ 01273 729051 🕐 Tutti i giorni 12-13, 18-22,30; chiuso mar pranzo, 24-26 dic, 1 gen

DIVERTIMENTI

Arts Theatre
Il teatro principale di Cambridge, che ha lanciato attori come Stephen Fry e Derek Jacobi, offre una gamma eclettica di produzioni.
✉ 6 St. Edward's Passage, Cambridge ☎ 01223 503333

Bournemouth International Centre
Tre luoghi d'incontro in uno in questa famosa località di vacanza.
✉ Exeter Road, Bournemouth ☎ 08701 113000

Chichester Festival Theatre
Teatro classico e contemporaneo.
✉ Oaklands Park, Chichester, W.Sussex ☎ 01243 781312; www.cft.org.uk

Komedia
Teatro alternativo e cabaret.
✉ 14-17 Manchester Street, Brighton

Norwich Arts Centre
Uno dei luoghi migliori dell'East Anglia per gli spettacoli teatrali. Un programma vario di commedie, arte, danza, teatro e musica con nomi internazionali e giovani talenti.
✉ Reeves Yard, di St. Benedict's Street, Norwich ☎ 01603 660352; www.norwichartscentre.co.uk

Inghilterra del sud-ovest

Il Southwest, conosciuto anche come West Country, va da Gloucester, sul fiume Severn, fino a Land's End e comprende alcuni fra i tratti più belli della campagna inglese. Qui sentieri frondosi, siepi fiorite, verdeggianti colline, villaggi da cartolina con cottage dal tetto di paglia, palazzi monumentali, pub sul fiume e siti preistorici narrano da vicino tutta la storia dell'Inghilterra.

In questa area sorgono due grandi parchi nazionali, Dartmoor e Exmoor, che offrono grandi spazi aperti e la possibilità di evadere e rilassarsi. Si trovano qui anche una serie di aree protette (Areas of Outstanding Natural Beauty) e il più recente parco nazionale inglese, nella New Forest. Ma, soprattutto, il Southwest è una terra di ricchi pascoli che producono carne, formaggio e latte fra i migliori d'Inghilterra. Qui si trova inoltre un ottimo sidro, qualitativamente all'altezza delle migliori produzioni nazionali e internazionali.

AVEBURY

La cittadina di Avebury ha un circolo megalitico, dichiarato Patrimonio dell'Umanità, che può competere con quello di Stonehenge, anche se qui le pietre sono più piccole. Il circolo principale, di cui è difficile stabilire la destinazione, è racchiuso da un enorme terrapieno, e sembra sia stato costruito intorno al 2500 a.C. Visitando il **museo Alexander Keiller**, a ovest dell'ingresso, si troveranno interessanti spiegazioni e indicazioni su questo luogo.

130 Stone Circle: tutti i giorni

Alexander Keiller Museum

01672 539250 Apr-ott tutti i giorni 10-18; nov-mar tutti i giorni 10-16 In paese (£) Economico

BATH

➤ 36-37.

BRISTOL

Bristol, come porto interno rivaleggia con Londra fin dal Medioevo, quando la sua ricchezza crebbe col commercio di schiavi, cacao, zucchero, tabacco e manufatti tra il Nuovo mondo e l'Africa. Molti edifici di questo periodo furono danneggiati durante la Seconda guerra mondiale, ma altri rimansero intatti. Nel XIX secolo, l'ingegnere Brunel creò quelli

che sono i due maggiori vanti della città, la *SS Great Britain*, la prima nave a vapore del mondo in grado di solcare l'oceano con propulsione a elica, e lo spettacolare ponte sospeso di Clifton, una magnifica struttura sopra l'Avon Gorge. Il porto è stato rimodernato e oggi vi si trovano locali, attrazioni per famiglie e musei.

www.visitbristol.co.uk

110 The Annexe, Wildscreen Walk, Harbourside 0906 7112191 Lun-ven 10-17, sab-dom 10-18

BUCKLAND ABBEY

Nascosto in una valle appartata sul fiume Tavy, Buckland era un piccolo, ma importante monastero cistercense. La struttura fu in seguito trasformata in un palazzo che divenne proprietà del navigatore Sir Francis Drake.

www.nationaltrust.org.uk

9P Yelverton 01822 853607 Feb-metà mar sab-dom 14-17; metà mar-ott ven-mer 10,30-17,30; nov sab-dom 14-17; 2 dic-metà dic sab-dom 11-17 Medio Ristorante e tea room (£-££)

CHEDDAR GORGE

Questa gola calcarea, che si apre nel mezzo delle Mendip Hills, è un luogo naturale di grande bellezza. La strada attraverso la gola è lunga circa 3,2 km e, nel punto più stretto, passa sotto picchi alti 152 m. Al di sotto della gola, le **grotte di Cheddar** furono scavate da fiumi sotterranei durante l'ultima era glaciale e in seguito furono occupate da uomini primitivi.

11Q The Gorge, Cheddar

01934 744071

Cheddar Caves

01934 472343; www.cheddarcaves.co.uk

Lug-ago 10-17,30; set-giu 10,30-17

Costoso Caffè

CHELTENHAM

La città termale di Cheltenham, nota per il suo ippodromo e i suoi college femminili, è un luogo perfetto dal quale partire per visitare le Cotswolds. Oggi molti turisti sono attratti qui più per l'architettura che per le acque termali, anche se la città è purtroppo cresciuta in modo disordinato, con centri commerciali sorti tra le belle piazze, i giardini e gli eleganti palazzi stile Regency. Tra gli edifici più belli di Cheltenham ci sono gli uffici municipali, situati in una deliziosa strada. La **Pittville Pump Room**, a circa 1,5 km dal centro, in una zona di ville e parchi, è uno dei più begli esempi di stile Regency della città, costruita come stazione termale e centro sociale per la nuova tenuta di Joseph Pitt. La **Art Gallery and Museum** ha alcune sezioni dedicate a William Morris, l'artigiano inglese, poeta e socialista, e al movimento *Arts and Crafts*, che deriva dall'associazione di Morris con i colleghi pittori preraffaelliti. Gli amanti della musica vorranno visitare Clarence Road, dove al numero 4 nacque il compositore Gustav Holst, autore della suite *The Planets*. Qui si possono visitare alcune sale dedicate a Holst, cimeli e descrizioni della vita tra il XIX e il XX secolo.

www.visitcheltenham.com

2C The Promenade 01242 522878 Lun-sab 9,30-17,15

Pittville Pump Room

Pittville Park 01242 523852 Gratuito

Art Gallery and Museum

Clarence Street 01242 237431; www.cheltenhammusuems.org.uk

Mar-sab 10-17,20 Gratuito

COTEHELE HOUSE

Situata sul fianco della collina sopra il fiume Tamar, Cotehele fu costruita in gran parte tra il 1485 ed il 1627 e fu per secoli la residenza della famiglia Edgcumbe. La casa, che contiene tappezzerie, mobili originali e armature è piccola e fragile, quindi il numero di visitatori è limitato a 80 per volta: è possibile che per entrare sia necessario aspettare. L'attesa però sarà piacevole se la passerete nel bel giardino, che scende nella valle fino al fiume Tamar.

9P St. Dominick, vicino a Saltash 01579 351346; linea informazioni: 01579 352739 Casa: metà mar-sett sab-gio 11-16,30; ott sab-gio 11-16. Giardino: tutti i giorni 10,30-tramonto Medio The Barn café (£)

LE COTSWOLDS

➤ 38-39.

DARTMOOR

Selvaggio, desolato, elevato e spazzato dal vento, il Dartmoor è l'unico vero luogo incontaminato nel sud dell'Inghilterra. Occupa la maggior parte della campagna tra Exeter e Plymouth e ha un 'fascino sinistro', come descrive Sir Arthur Conan Doyle nel *Mastino dei Baskerville*: la sua selvaggia bellezza è tale che vale la pena attraversare le sue aride brughiere almeno una volta. La zona fu abitata in età primitiva, come si vede dalla presenza di numerosi resti, risalenti all'età della pietra e del bronzo, oltre a resti di miniere di stagno e rame. L' affascinante museo di **Morwellham Quay** permette di conoscere più a fondo questo aspetto storico della regione. Dal 1951 Dartmoor è un **parco nazionale** protetto.

9P

Morwellham Quay

Morwellham 01822 832766; www.morwellham-quay.co.uk Apr-ott tutti i giorni 10-17,30; nov-mar tutti i giorni 10-16,30 Medio

Dartmoor National Park

High Moorland Visitor Centre, Tavistock Road, Princetown 01822 890414; www.dartmoor-npa.gov.uk Tutti i giorni 10-17; in inverno 10-16

DORCHESTER

Per gli amanti di Thomas Hardy, nato a tre miglia da qui, a Higher Bockhampton, questo è un luogo da non perdere. Hardy lavorò come architetto nella cittadina e il suo romanzo, *Il sindaco di Casterbridge*, descrive com'era questo luogo alla metà del XIX secolo. La High Street vanta un gran numero di case georgiane. La Shire Hall, del XVIII secolo, ospita al suo interno l'antico tribunale della contea, conservato in memoria dei martiri di Tolpuddle, un gruppo di contadini processati per aver costituito un embrione di sindacato nel 1834.

www.westdorset.com

11P 11 Antelope Walk 01305 267992 Apr-ott lun-sab 9-17, dom 10-15; ott-apr lun-sab 9-16

EDEN PROJECT

Lo Eden Project, un modo per scoprire il mondo delle piante, ricrea i vari climi del mondo all'interno di due gigantesche biosfere, sorta di serre futuristiche. Situate in un'ex cava di argilla, le biosfere ricreano differenti climi permettendo ai visitatori di aggirarsi tra piante provenienti da luoghi come l'Amazzonia, l'Africa occidentale, la Malesia, il Mediterraneo, il Sud Africa e la California.

www.edenproject.com

8N · Bodelva, St. Austell · 01726 811911 · Mar-ott tutti i giorni 10-18; nov-feb 10-16,30 · Costoso · Caffè

EXETER

Exeter, l'affascinante cittadina di contea del Devon, sorge in posizione dominante sul fiume Exe. L'edificio principale della città è la cattedrale, un capolavoro architettonico abbellito da due enormi torri normanne che fiancheggiano la navata centrale. All'interno si trova, intatto, il più lungo soffitto gotico al mondo, un impressionante trono vescovile e delle misericordie (stalli di coro intagliati), del 1260, forse le più antiche del Paese.

www.exeter.gov.uk

10P Civic Centre, Paris Street 01392 265700 Lun-sab 9-17; in estate lun-sab 9-17, dom 10-16

EXMOOR

➤ 40-41.

FROME

Situato all'estremità est delle Mendip Hills, Frome è un pittoresco insieme di ripide stradine acciottolate, cottage di tessitori, case georgiane, vecchi negozi e un vivace mercato. La

prosperità della cittadina, dal Medioevo fino alla fine del XVIII secolo, ebbe come base la produzione di abiti. Vale la pena visitare Catherine Hill e Gentle Street; inoltre la cappella della congregazione su Rook Lane è particolarmente bella.
www.frometouristinfo.co.uk
✚ 12Q ℹ The Round Tower, 2 Bridge Street ☎ 01373 467271 ⏲ Lun-sab 10-16,30 o 17

GLASTONBURY

Glastonbury si trova nel cuore della mistica isola di Avalon ed è stata un importante centro della prima Chiesa cristiana. Qui si tramandano numerose leggende sul Santo Graal e su re Artù, oltre alla tradizione del miracoloso biancospino di Glastonbury, che si dice germogliò dal bastone di Giuseppe di Arimatea. A Glastonbury restano le rovine di un'abbazia e una torre che incorona la Tor, una collina conica che si innalza sui Somerset Levels. Oggi quest'area è rinomata soprattutto per il grande **festival musicale estivo** che si tiene nella vicina Pilton. A sud, la Jacobean Montacute House, vicina a Yeovil, espone opere della National Portrait Gallery.
www.glastonburytic.co.uk
✚ 11Q ℹ 9 High Street BA6 9DP ☎ 01458 832954 ⏲ Dom-gio 10-17, ven, dom 10-17,30; (talvolta chiuso dalle 13:00 alle 14:00)
Glastonbury Festival
www.glastonburyfestivals.co.uk

GLOUCESTER

Gloucester, di origine romana, divenne un importante porto sul fiume Severn, finché le difficoltà di navigazione fecero spostare il centro del commercio a Bristol, molto più a valle. Anche il porto,

sviluppatosi in seguito all'apertura del canale di Sharpness nel 1827, ebbe un declino, ma negli ultimi anni si è registrata una ripresa, che ha fatto sorgere nuove e solide imprese commerciali. L'orgoglio di Gloucester, comunque, è la sua enorme cattedrale, con grandi colonne normanne e la tomba di Edoardo II. Le strade di Gloucester, pur animate da negozi e pub, sono comunque molto meno vivaci di quelle della vicina Cheltenham.

www.gloucester.gov.uk/tourism

✚ 2C ℹ 28 Southgate Street ☎ 01452 396572 ⌚ Lun-sab 10-17

ISOLA DI WIGHT

L'isola di Wight, detta dagli abitanti locali semplicemente 'The Island', è un concentrato unico di meraviglie naturali. Il suo clima

mite e la sua posizione, isolata anche se prossima alla costa dello Hampshire, ha attirato in passato visitatori famosi come Tennyson, Charles Dickens e la regina Vittoria, che vi fece costruire un luogo di ritiro per la sua famiglia, a **Osborne,** dove visse dopo la morte del principe Alberto. L'isola ha un'atmosfera vittoriana ma anche una bellissima campagna incontaminata, simile al sud dell'Inghilterra, ma senza il traffico, e una variegata e impressionante costa, con costoni calcarei (i Needles, che si vedono meglio arrivando in traghetto dalla Francia) e spiagge di sabbia.

www.islandbreaks.co.uk 13N 81-83 Union Street, Ryde 01983 813818 Metà apr-nov lun-sab 9,30-17, dom 10-16

Osborne House

1,6 km a est di Cowes 01983 200022 Apr-set tutti i giorni 10-17; ott tutti i giorni 10-16; tour su prenotazione: nov-mar mer-dom 10-16 Costoso

LANHYDROCK HOUSE

È un'affascinante abitazione della fine del XIX secolo, che conserva l'atmosfera e l'arredamento di un'elegante casa vittoriana di campagna. La casetta del custode e l'ala nord risalgono al XVII secolo, ma il resto della casa fu ricostruito in seguito a un incendio nel 1881. I giardini che la circondano sono bellissimi.

www.nationaltrust.org.uk

8P Lanhydrock, vicino a Bodmin 01208 265950 Abitazione: metà mar-sett mar-dom 11-17,30; ott mart-dom 11-17. Giardini: tutto l'anno, tutti i giorni 10-16 Medio Ristoranti e caffè (£-££)

LONGLEAT

Longleat House è una grande dimora elisabettiana, con interni del XIX secolo. La casa fu residenza della famiglia Thynne (o Thynn) per oltre 450 anni e oggi è abitata dal settimo marchese di Bath e dalla sua famiglia. Interessante lo zoo safari (uno dei primi del genere mai creati), una ferrovia e il più grande labirinto di siepi del mondo. Oltre a offrire attrazioni per i visitatori, Longleat gioca anche un ruolo importante nel programma mondiale di riproduzione e conservazione di specie a rischio.

www.longleat.co.uk

120 Warminster 01985 844400 Apr-primi di nov, tutti i giorni 10 o 11-16 o 17,30 Costoso Caffè (£-££)

NEW FOREST NATIONAL PARK

Il nome di questa area di tutela speciale nel sud-est dell'Hampshire è fuorviante: infatti nell'area ci sono più brughiere che boschi. Il parco comprende i resti di una foresta primordiale circoscritta e protetta da Guglielmo il Conquistatore, che la usò come riserva di caccia al cervo. Gli abitanti del luogo ancora vi portano gli animali a pascolare esercitando diritti che risalgono ai tempi della conquista. La principale zona boscosa circonda Lyndhurst, la cosiddetta 'capitale' del Forest. Nel sud della foresta si trova Beaulieu, un delizioso villaggio, famoso soprattutto per il **National Motor Museum,** con più di 250 veicoli storici.

www.newforestnpa.gov.uk

13P New Forest Visitor Information Centre, High Street, Lyndhurst 023 8028 2269 Mar-giu, set-ott lun-dom 10-17; lug-ago lun-dom 10-16; nov-feb lun-ven 10-16, sab-dom 10-17

National Motor Museum

Beaulieu, Hampshire 01590 612345; www.beaulieu.co.uk Mag-set tutti i giorni 10-16; ott-apr tutti i giorni 10-17

PORTSMOUTH

Situata sulla penisola di Portsea Island, è la base navale più importante d'Inghilterra. I Romani capirono presto l'importanza strategica di questa posizione e vi costruirono una fortezza, ma l'insediamento abitato sorse solo dopo la conquista normanna. Nella Royal Naval Base, in Queen Street, si trova il **Flagship Portsmouth**, un molo storico che ospita antiche navi della marina britannica: la *Warrior* (1860), la *Victory* e la *Mary Rose*. Qui si trova anche il Royal Naval Museum, la mostra Dockyard Apprentice e il tour Warships by Water.

www.visitportsmouth.co.uk

14P Clarence Esplanade, Southsea 023 9282 6722 Lug-ago tutti i giorni 9,30-17,45; set-giu tutti i giorni 9,30-17,15

Flagship Portsmouth

Historic Dockyard 023 9283 9766; www.flagship.org.uk Apr-ott tutti i giorni 10-17,30; nov-mar 10-17 Medio

ISOLA DI PURBECK

Benché non sia realmente un'isola, Purbeck certamente lo sembra, per come si protende verso il porto di Poole. Il miglior modo per avvicinarvisi è in traghetto da Sandbanks, da dove si possono facilmente visitare a piedi i bellissimi villaggi e la spettacolare costa. Meritano un'occhiata Wareham, Corfe Castle, Lulworth Cove e l'arco in pietra calcarea della Durdle Door. Swanage, la cittadina principale, è collegata a Corfe da un treno a vapore.

www.purbeck.gov.uk

12P Purbeck Information e Heritage Centre, South Street, Wareham 01929 552740 Tutti i giorni 10-17. In inverno chiuso la domenica

ST. IVES

In una splendida posizione, con spiagge di sabbia che fiancheggiano un aspro promontorio, St. Ives è un paesino con strade acciottolate e viottoli ripidi. La sua ricchezza si fondava in passato sulla pesca delle sardine e sull'industria mineraria di stagno, ma oggi dipende in gran parte dal turismo e dall'arte, poiché ha attirato artisti famosi come Barbara Hepworth, Naum Gabo e Roger Hilton. Da vedere il **Barbara Hepworth Museum and Sculpture Garden** e la **Tate Gallery,** che domina Porthmeor Beach.

www.visit-westcornwall.com

7N The Guildhall, Street-an-Pol 01736 796297 Giu-set lun-ven 9-17,30, sab 9-17, dom 10-16; ott-mag lun-ven 9-17, sab 10-13

Barbara Hepworth Museum and Sculpture Garden

Barnoon Hill 01736 796226 Mar-ott tutti i giorni 10-17,20; nov-feb mart-dom 10-16,20 Economico

Tate Gallery

01736 796226; www.tate.org.uk/stives Mar-ott lun-dom 10-17,20; nov-feb mart-dom 10-16,20 Medio Caffè (£)

SALISBURY

La più bella città sede di cattedrale d'Inghilterra, iniziò a svilupparsi dal 1220, quando gli insediamenti si spostarono qui da Old Sarum, una comunità dell'età del ferro posta poco più a nord dell'attuale città. La cattedrale, con la sua immensa guglia, fu iniziata nel 1220 ed è in stile gotico primitivo inglese.
È uno dei più begli edifici medioevali del Paese e nella sala capitolare conserva una copia della Magna Charta. La città è un misto di edifici medioevali, georgiani e vittoriani: nessun palazzo ha un'altezza tale da contrastare quella della cattedrale.

www.salisbury.gov.uk/tourism

13P Fish Row 01722 334956

Ott-apr lun-sab 9,30-17; mag lun-sab 9,30-17, dom 10,30-16,30; giu-set lun-sab 9,30-18:00, dom 10,30-16,30

STONEHENGE

➤ 48-49.

TRURO

Il capoluogo della Cornovaglia nel Medioevo basò la sua ricchezza sull'estrazione e il commercio dello stagno, diventando il porto più importante per l'esportazione di questo metallo. Oggi resta poco dell'antico passato di Truro, anche se lungo Lemon Street sorgono molti palazzi di epoca georgiana. La cattedrale, completata nel 1910, fu la prima cattedrale anglicana costruita dopo St. Paul di Londra e incorpora parti di una precedente chiesa.

www.truro.gov.uk

8N Municipal Building, Boscawen Street 01872 274555; Pasqua-mag, set-ott lun-ven 9-17,15, sab 10-13; giu-ago lun-ven 9-18, sab 10-17; nov-pasqua lun-gio 9-17,15, ven 9-17,45

WELLS

La deliziosa piazza del mercato di questa città (che è la più piccola d'Inghilterra), sembra mostrare stili architettonici di ogni possibile periodo storico, compresi due posti di guardia medioevali, uno dei quali conduce alla cattedrale e l'altro al palazzo del Vescovo.

L'intera città sembra essere cambiata poco in 800 anni, avendo mantenuto il suo carattere medioevale, ed è un luogo ideale per passare una giornata rilassante: è anche il punto di partenza ideale per visitare le Mendip Hills e Cheddar Gorge (► 168).

La cattedrale, una delle più belle d'Inghilterra, risale al XII secolo e sul lato ovest ha una bellissima facciata ornata, anche se molti turisti sono affascinati dall'orologio meccanico del 1392, collocato in alto nel transetto nord. Cathedral Close è un gruppo di begli edifici dove risiedeva il clero della cattedrale.

Un programma annuale di recital offre l'opportunità di ascoltare il coro della cattedrale in attività.

www.wells.gov.uk
11Q Town Hall, Market Place
01749 672552 Apr-ott tutti i giorni 9,30-17,30; nov-mar tutti i giorni 10-16

WINCHESTER

Capitale del Wessex sotto Alfredo il Grande, e dell'Inghilterra dal X secolo alla conquista normanna, è una delle più importanti città storiche del Paese. Ben venti re vi sono sepolti e la città è ricca di edifici del Medioevo e dei secoli successivi. Nell'XI secolo il centro era così importante che l'incoronazione di Guglielmo II conquistatore ebbe luogo sia a Londra che a Winchester. Questi incaricò i monaci di Winchester di eseguire i rilievi per il suo Grande Libro del Catasto d'Inghilterra. Winchester ha anche memorie letterarie: Jane Austen, che visse nella vicina Chawton, morì proprio a Winchester nel 1817.

www.visitwinchester. co.uk
13P Guildhall, The Broadway
01962 840500 Apr-set lun-sab 9,30-17,30, dom 11-16; ott-mar lun-sab 10-17

a piedi a Lizard

Una passeggiata stimolante che attraversa panorami costieri spettacolari: il pranzo poi è in un pittoresco paese di pescatori.

Iniziate dal faro e andate verso i terreni del Polbrean Hotel, dirigendovi verso il sentiero sulla scogliera. Girate a sinistra sul sentiero e seguitelo verso Housel Bay. Proseguite aggirando Bass Point.

La costruzione turrita in disuso un tempo era una stazione di segnalazione.

A Kilcobben Cove passate dietro la stazione di salvataggio ed entrate a Church Cove.

Sulla spiaggia c'è una stazione di salvataggio costruita alla fine del XIX secolo.

Seguite il sentiero costiero fino al Devil's Frying Pan, una grande caverna crollata e aggiratela da dietro verso Inglewidden. Continuate sul sentiero costiero per Cadgwith e attraversate i giardini di Hillside.

Cadgwith è un affascinante villaggio su ripidi pendii affacciati sul mare, con molti cottage col tetto di paglia e costruzioni in roccia serpentina, per la quale Lizard è famosa.

Tornate su verso Hillside, ma girate a destra su Prazegooth Lane. In cima, prendete la strada a destra. Girate a sinistra, passate Gwavas Jersey Farm e, quando la strada curva a

destra, prendete il sentiero pedonale. Attraversate un campo fino al palo segnaletico e salite degli scalini fino alla cima. All'estremità opposta imboccate una via d'accesso in cemento a una fattoria per Trethvas Farm e girate a sinistra per Lizard. Continuate tra i campi per Lizard, poi dirigetevi verso il punto più a sud dell'Inghilterra (Most Southerly Point), e tornate al punto di partenza.

Lunghezza 12 km
Durata 5 ore con le soste, 3-4 ore senza soste
Partenza/arrivo parcheggio del faro di Lizard 7N
Pranzo The Inn at Cadgwith (£-££)

HOTEL

The Ayrlington (££)
Un'elegante villa vittoriana pochi minuti a piedi dalle terme romane e dal centro. L'hotel, che si affaccia sull'abbazia medioevale, offre un'ampia gamma di strutture e alloggi di qualità.
✉ 24-25 Pulteney Road, Bath ☎ 01225 425495; www.ayrlington.com

Bovey Castle Hotel (££-£££)
➤ 72.

Hatton Court (££)
A 183 m sopra il livello del mare in cima alla Upton Hill, questo maniero offre un'ampia vista sul fiume Severn fino alle Malvern Hills. La caratteristica principale è la grande attenzione per la comodità e l'eleganza dell'arredamento delle camere.
✉ Upton Hill, Upton St. Leonards, Gloucester ☎ 01452 617412

The Idle Rocks Hotel (£-££)
Con vedute dominanti sulla banchina a St. Mawes, questo comodo rifugio della Cornovaglia ha una posizione perfetta per passeggiate nei dintorni ed è dotato anche di un buon ristorante.
✉ Harbourside, St. Mawes, Cornwall ☎ 01326 270771

Pedn Olva (££)
I numerosi livelli di questo hotel di 30 camere lo fanno sembrare una nave ormeggiata in questa piccola città artistica. Un hotel comodo e rilassante, con un eccellente ristorante.
✉ The Warren, West Porthminster Beach, St. Ives, Cornwall ☎ 01736 796222

Stock Hill Country House Hotel (£££)
L'hotel, che vanta anche un ristorante notevole, si trova in un parco di 4,5 ettari ed è circondato da rari alberi antichi: un paradiso di pace e tranquillità. Fascino ed eleganza nei particolari sono caratteristiche di tutte le camere.
✉ Stock Hill, Gillingham, Dorset ☎ 01747 823626

The Thistle Bristol (££)
Anche se in pieno centro, questo hotel, completamente rinnovato, offre un alloggio tranquillo e tutti i comfort più moderni.
✉ Broad Street, Bristol ☎ 0870 333 9130

RISTORANTI

Castle Hotel (£-££)
Il Castle è un'istituzione gastronomica nel Somerset e la sua storia, di ben 800 anni, ne fa il più antico luogo di ristoro del West Country.
✉ Castle Green, Taunton, Somerset ☎ 01823 272671 🕒 Tutti i giorni pranzo, cena

Le Champignon Sauvage (££-£££)
Cucina classica di David Everitt-Matthias in questo delizioso ristorante giallo e blu.
✉ Suffolk Road, Cheltenham, Gloucestershire ☎ 01242 573449 🕒 Mar-sab pranzo, cena

Fifteen Cornwall (££)
Il celebre chef Jamie Oliver ha trasferito sul mare lo stile del suo ristorante di Londra, istruendo giovani cuochi. Cibo eccellente e veduta magnifica sulla spiaggia di Watergate.
✉ Watergate Bay, Cornwall ☎ 01637 861000 🕒 Tutti i giorni 8,30-9,30, 12-14,30, 19-21,45

George & Dragon (££)
Premiato pub specializzato in pesce fresco. Vincitore nazionale in passato del 'Best Seafood Pub'.
✉ High Street, Rowde, Wiltshire ☎ 01380 723053 🕒 Mar-sab 12-15, 19-22; dom 12-16

The New Angel (££-£££)
Un altro celebre chef che ha trovato rifugio nella campagna occidentale: il ristorante di John Burton Race è famoso per i piatti stagionali, cucinati con maestria e prodotti con ingredienti locali.
✉ The Harbour, Dartmouth, Devon ☎ 01803 839425 🕒 Mar-dom 9-11, 12-14, 18,30-21,30 (chiuso dom pomeriggio, lun)

Riverside Restaurant (£-££)
Ristorante di pesce molto apprezzato situato nel cuore del villaggio di pescatori di West Bay. Offre anche piatti vegetariani e altre specialità.
✉ West Bay, Bridport, Dorset ☎ 01308 422011 🕐 Pranzo, cena; chiuso dom pomeriggio, lun e dic-feb

The Old Success Inn (£-££)
➤ 58.

Pump Room (££)
➤ 59.

Riverstation (££)
Dalla ristrutturazione della vecchia stazione di polizia nel porto vicino alla città di Bristol è nato un edificio leggero e arioso che ospita un ottimo ristorante al primo piano e un bar che offre panini e piatti pronti al livello del porto, con balconi che si affacciano sull'acqua.
✉ The Grove, Bristol ☎ 0117 914 4434 🕐 Bar: cucina aperta tutto il giorno. Ristorante: tutti i giorni 12-14,30, 18-22,30

The Seafood Restaurant (£££)
Il famoso ristorante di Rick Stein è il luogo giusto per mangiare pesce cucinato con fantasia; i menu a prezzo fisso sono convenienti. Ci sono anche piatti non a base di pesce.
✉ Riverside, Padstow, Cornwall ☎ 01841 532700 🕐 Pranzo, cena lun-dom

Tanners Restaurant (££)
Un'abitazione storica del XV secolo, dove i padri pellegrini fecero il loro ultimo pasto in Inghilterra. Il menu attuale offre una cucina con influenze francesi e americane.
✉ Prysten House, Finewell Street, Plymouth, Devon ☎ 01752 252001
🕐 Pranzo, cena mar-sab

DIVERTIMENTI

Axiom Centre for the Arts

Propone una vasta gamma di musica e teatro d'avanguardia.

✉ 57 Winchcombe Street, Cheltenham, Gloucestershire ☎ 01242 253183

Colston Hall

Sede degli spettacoli più importanti di Bristol, promuove i grandi nomi della musica classica e leggera e concerti.

✉ Colston Street, Bristol ☎ 0117 922 3686

Everyman Theatre

Propone molti spettacoli da Shakespeare al cabaret.

✉ Regent Street, Cheltenham, Gloucestershire ☎ 01242 572573

Exeter Phoenix

Propone teatro contemporaneo e stimolante, danza, performance e produzioni musicali.

✉ Bradninch Place, Gandy Street, Exeter, Devon ☎ 01392 667080; www.exeterphoenix.org.uk

Glastonbury

Rinomato per il suo festival musicale alla fine di giugno nella vicina Pilton, il più grande e il migliore del Paese, con gruppi famosi e gruppi emergenti.

☎ www.glastonburyfestivals.co.uk

St. George's Bristol

Rinomato per la sua acustica, questo tempio della musica ospita una selezione varia di musicisti e artisti, dalla musica classica o da camera al jazz, e interpreti internazionali.

✉ Great George Street, vicino Park Street, Bristol ☎ 0845 4024001; www.stgeorgesbristol.co.uk

Theatre Royal

Teatro e balletto vengono regolarmente proposti dal Theatre Royal, che ha anche una sala a parte per produzioni sperimentali.

✉ Sawclose, Bath ☎ 01225 448844; www.theatreroyal.org.uk

Indice

Referenze fotografiche

Automobile Association desidera ringraziare i fotografi, le agenzie fotografiche, le associazioni e gli archivi fotografici per la loro collaborazione nel realizzare questo volume.
Le abbreviazioni per i crediti fotografici sono le seguenti: – (a) alto; (b) basso; (c) centro; (s) sinistra; (d) destra; (AA) AA World Travel Library

4s Malvern Hills, AA/H Palmer; **4c** Lord Mayor's Parade, AA/P Enticknap; **4d** York Minster, AA/P Bennett; **5s** Gravetye Manor, AA/T Souter; **5d** Hyde Park, AA/R Strange; **6/7** Malvern Hills, AA/H Palmer; **8/9** Castle Howard, AA/J Morrison; **10** Houses of Parliament, AA/W Voysey; **10/11a** Buckland in the Moor, AA/R Moss; **10/11c** Carlisle Cathedral, AA/P Bennett; **11bs** Woburn Safari Park, AA/M Birkitt; **11cd** Wedgwood Visitor Centre, AA/P Baker; **12c** Portland, AA/M Jourdan; **12bs** Cheddar Gorge Cheese Co., AA/C Jones; **12/13a** Branscombe, AA/P Baker; **12/13b** Sweetings Oyster Bar, AA/R Mort; **13** Cup of tea, Stockbyte Royalty Free Photos; **14** Covent Garden, AA/M Jourdan; **15cs** Bottle of wine & glasses, Stockbyte Royalty Free Photos; **15cd** Ritz Tea Rooms, AA; **16** Oxford Street, AA/M Jourdan; **16/17** Lincoln Cathedral, AA/C Coe; **18/19** Trooping the Colour, AA/T Woodcock; **19** Enginuity Museum, AA/M Haywood; **20/21**, Lord Mayor's Parade, AA/P Enticknap; **24** Henley Regatta, AA; **24/25** Chelsea Flower Show, AA/M Birkitt; **26** Eurostar train, AA/W Voysey; **26/27** Stanstead Airport, AA/J Miller; **28/29** Oxford Street, AA/M Jourdan; **29** Liverpool Street Station, AA/R Strange; **31** Branxton, AA/C Lees; **32** Policeman, AA/M Jourdan; **34/35** York Minster, AA/P Bennett; **36** Roman Baths & Bath Abbey, AA/M Birkitt; **36/37** Bath, AA/S&O Mathews; **38** Lower Slaughter, AA/K Doran; **38/39** Bibury, AA/T Souter; **40cs** Exmoor Animal Centre, AA/W Voysey; **40bs** Lynmouth, AA/C Jones; **41a** Dulverton, AA/A Lawson; **41b** Valley of the Rocks, AA/C Jones; **42/43** Houseteads, AA/C Lees; **43** Vercovicium, AA/J Beazley; **44/45** Ashness Bridge, AA/T Mackie; **45** Loughrigg Fell, AA/T Mackie; **46** Radcliffe Camera, AA/S&O Mathews; **46/47** Oxford, AA/A Lawson; **47** Ashmolean Museum, AA/S Day; **48/49** Stonehenge, AA; **50/51a** Tower of London, AA/S Gibson; **50/51b** Tower of London, AA/W Voysey; **52** York Minster, AA/W Voysey; **52/53** National Railway Museum, AA/R Newton; **53** York, AA/R Newton; **54** Linton Falls, AA/A Baker; **54/55** Pennine Way, AA/AJ Hopkins; **55** Wharfedale, AA; **56/57**, Gravetye Manor, AA/T Souter; **59** Bath Pump Room, AA/E Meacher; **61** Norfolk Wildlife Park, AA/H Williams; **62** Elderwater, AA/EA Bowness; **64/65** Hampton Court, AA/R Mort; **66/67** Coniston Water, AA/M Birkitt; **68** Hyde Park, AA/R Strange; **70** Taunton, AA/R Hall; **70/71a** Branscombe, AA/P Baker; **70/71b** Bath, AA/E Meacher; **71a** Boston, AA/P Baker; **71b** Bournemouth, AA/W Voysey; **72** Dorchester Hotel, AA/P Wilson; **73** Ludlow, AA/I Burgum; **74/75** Hyde Park, AA/R Strange; **77** Buckingham Palace, AA/M Jourdan; **78** British Museum, AA/M Jourdan; **79a** The Mall, AA/T Woodcock; **79b** Covent Garden, AA/M Trelawny; **80** Cutty Sark, AA/R Victor; **80/81** Hyde Park, AA/R Mort; **82as** London Eye, AA/M Jourdan; **82c** Museum of London, AA/T Woodcock; **82/83** National Gallery, AA; **84/85** Natural History Museum, AA/ M Jourdan; **85** Royal Botanical Gardens Kew, AA/T Woodcock; **86** Science Museum, AA/J Tims; **86/87** St Paul's Cathedral, AA/T Woodcock; **87** Tate Gallery, AA/P Wilson; **88/89** Trafalgar Square, AA/J McMillan; **90/91** Victoria and Albert Museum, AA/G Wrona; **91** Westminster Abbey, AA/B Smith; **97** Hebden Bridge, AA/L Whitwam; **98** Alnwick Castle, AA/C Lees; **99** Carlisle, AA/P Bennett; **100/101** Fountains Abbey, AA/L Whitwam; **102** Haworth, AA/P Wilson; **102/103** Lindisfarne Castle, AA/C Lees; **104/105** Killhope Lead Mining Museum, AA/C Lees; **105** Leeds and Liverpool Canal, AA/T Marsh; **106** Liverpool, AA; **106/107** Levens Hall, AA/T Mackie; **107** Manchester, AA/C Molyneux; **108/109** North of England Open Air Museum, AA/J Beazley; **110/111** Richmond Castle, AA/P Baker; **111ad** Kelham Island Industrial Museum, AA/S Day; **111bs** Sheffield, AA/P Brown; **112** Skipton, AA/P Wilson; **112/113** Whitby, AA/R Newton; **117** Warwick Castle, AA; **118** Birmingham City Museum and Art Gallery, AA/V Greaves; **118/119** Blenheim Palace, AA; **119** Bridgnorth, AA/I Burgum; **120** Buxton, AA/P Baker; **120/121** Peak Cavern, AA/M Birkitt; **122** Chester, AA/C Jones; **122/123** Haddon Hall, AA/P Baker; **123** Hereford Cathedral, AA; **124** Ironbridge, AA/M Haywood; **126** Ludlow, AA/R Surman; **126/127** Ludlow Castle, AA/C Jones; **127** Lyme Park, AA/M Birkit; **128a** Malvern Priory, AA/C Jones; **128b** Wenlock Priory, AA/M Short; **128/129** Nottingham, AA/P Baker; **131** Sherwood Forest, AA/M Birkitt; **132** St Chads Church Shrewsbury, AA/C Jones; **132/133** Shrewsbury, AA/M Allwood-Coppin; **133** Stratford upon Avon, AA/J Wyand; **134/135** Tatton Park, AA; **135** Worcester, AA/S&O Mathews; **136/137** Bakewell, AA/P Baker; **141** Youlgreave, AA/AJ Hopkins; **142/143** Blickling Hall, AA; **143a** Bodiam Castle, AA/J Miller; **143b** Brighton, AA/P Brown; **144** Bury St Edmunds, AA/R Surman; **144/145** Cambridge, AA/M Birkitt; **146/147a** Chartwell, AA/P Baker; **146/147b** Midhurst, AA/S&O Mathews; **147** Dover Castle, AA/D Forss; **148** Ely Cathedral, AA/T Mackie; **148/149** Hastings, AA/W Voysey; **150a** Leeds Castle, AA/D Forss; **150c** Lullingstone, AA/S&O Mathews; **150/151** Norfolk Broads National Park, AA/A Baker; **152** Norwich Cathedral, AA/S&O Mathews; **152/153** Norwich, AA/T Souter; **154** Saffron Walden, AA/C Coe; **154/155** Seven Sisters, AA/C Coe; **156/157** Minsmere, AA/H Williams; **156** Southwold AA/T Mackie; **157** Weald and Downland Museum, AA/W Voysey; **158/159** Windsor, AA/W Voysey; **160/161** The Ridgeway Hackpen Hill, AA/B Johnson; **165** Hound Tor Dartmoor National Park, AA/P Baker; **166** Avebury, AA/W Voysey; **166/167** Clifton Suspension Bridge, AA/T Souter; **167** SS Great Britain Bristol, AA/S Day; **168/169** Cheddar Gorge, AA/S&O Mathews; **169** Cotehele Mill, AA/A Lawson; **170** Dartmoor, AA/W Voysey; **170/171** Eden Project, AA/R Tenison; **172** Frome, AA/R Moss; **172/173** Glastonbury Tor, AA/C Jones; **174** Gloucester Cathedral, AA/S Day; **174/175** The Needles, AA/S McBride; **175** Lanhydrock House, AA/R Moss; **176c** Longleat Safari Park, AA/W Voysey; **176b** New Forest ponies, AA/T Souter; **176/177** Longleat, AA/S Day; **177** HMS Victory Portsmouth, AA/W Voysey; **178/179** Flying Scotsman Swanage, AA/D Jackson; **179c** Salisbury Cathedral, AA/ C Jones; **179r** Salisbury Cathedral, AA/S&O Mathews; **180** Wells Cathedral, S&O Mathews; **180/181** Winchester Cathedral, AA/S Day; **182/183** Lizard Point, AA/C Jones.

Ogni sforzo è stato compiuto per rintracciare i titolari di copyright, e ci scusiamo in anticipo per eventuali errori o omissioni. Nelle successive edizioni saremo lieti di apportare le correzioni che vorrete segnalarci.

Guide turistiche Boroli Editore

Collana Essential Guide

- Australia
- Bretagna
- California
- Croazia
- Cuba
- Egitto
- Firenze e la Toscana
- Florida
- Inghilterra
- Irlanda
- Messico
- Portogallo

Collana City Pack TOP25

- Amsterdam
- Barcellona
- Berlino
- Budapest
- Dublino
- Firenze
- Hong Kong
- Istanbul
- Lisbona
- Londra
- Madrid
- Milano
- Montréal
- Napoli
- New York
- Parigi
- Pechino
- Praga
- Roma
- Venezia

www.borolieditore.it